ANATOMÍA DE UN ESQUEMA PONZI

ESTAFAS PASADAS Y PRESENTES

COLLEEN CROSS

Traducido por
DAVID GARNÉS GALINDO

ISBN: 978-1-988272-29-0

Publicado por Slice Publishing

Para más información vea:
http://www.ColleenCross.com

OTRAS OBRAS DE COLLEEN CROSS

Los misterios de las brujas de Westwick

Caza de brujas

La bruja de la suerte

Bruja y famosa

Brujil Navidad

Brujería mortal

Serie de suspenses y misterios de Katerina Carter, detective privada

Maniobra de evasión

Teoría del Juego

Fórmula Mortal

Greenwash: Un Engaño Verde

Fraude en rojo

Luna azul

No-Ficción:

Anatomía de un esquema Ponzi: Estafas pasadas y presentes

¡Inscríbete su boletín para estar al tanto de sus nuevos lanzamientos!

http://eepurl.com/c0js9v

www.colleencross.com

LOS ELEMENTOS DE UN
ESQUEMA PONZI

Charles Ponzi no fue el primero en llevar a cabo una estafa Ponzi, aunque sí que prestó su pegadizo nombre a su inmemorial fraude. Antes de que Ponzi se convirtiese en una palabra de uso cotidiano, esta estafa de eficacia comprobada fue conocida por otros nombres. Siempre ha habido personajes sospechosos que se han valido del arte del engaño para enriquecerse a expensas de otros.

Desde el fraude de Ponzi en 1920, se han destapado más de cien esquemas Ponzi masivos solo en los Estados Unidos, lo que equivale a más de uno por año, teniendo en cuenta solo aquellos cuyos autores fueron descubiertos. Estos representan únicamente la punta del iceberg en un mar de fraudes que no se han detectado. Los esquemas Ponzi son ahora más comunes que nunca y en una escala financiera que empequeñece la estafa de veinte millones de dólares de Ponzi.

En la actualidad, no son pocas las estafas Ponzi que están en marcha, operando sin ser detectadas y timando a gente normal como usted y como yo. Muchas han operado sin obstáculos durante décadas. Cuando se detecte la siguiente estafa a gran escala, empequeñecerá el fraude del siglo, la estafa masiva de 65.000 millones de dólares de Bernard Madoff. Los esquemas Ponzi en este libro parecen complicados a primera vista, pero no lo son. La ilusión de complejidad es una parte integral del fraude en sí mismo. Extraiga los ingredientes esenciales de un esquema Ponzi y verá cuán sorprendentemente sencillo es detectar una de estas estafas.

PONZI 101

Un esquema Ponzi es un esquema de inversión fraudulento que promete un rendimiento excepcionalmente alto, a menudo tras un corto período de tiempo. La promesa de hacerse rico de la noche a la mañana es tan atractiva que ni siquiera inversores conservadores la dejan pasar. Unas ganancias fantásticas son el sello distintivo de un esquema Ponzi.

En realidad, los beneficios pagados a los inversores son simplemente el rendimiento de su inversión original o el capital de inversores posteriores. La estafa dura mientas entre en juego dinero nuevo, el cual puede provenir de nuevos inversores, pero una parte integral de la mayoría de los esquemas Ponzi es convencer a inversores ya existentes para que reinviertan sus ganancias y contribuir idealmente incluso con más.

Muchos lo hacen, pues el esquema Ponzi promete rendimientos mucho más altos de lo que puede encontrar un inversor en cualquier otra parte. Es así cómo inversores, en otros casos astutos, sucumben a la codicia y ponen todos (o la mayoría de) sus fondos en una sola inversión. Por lo común, pierden los ahorros de toda su vida. Normalmente se describe la inversión con términos confusos o con una jerga demasiado complicada para que una persona lega en la materia lo comprenda totalmente. Esto es algo que se hace a propósito; la complejidad confunde la dolorosa verdad: no existe ninguna inversión subyacente.

Charles Ponzi y los otros estafadores retratados en este libro demostraron un talento excepcional a la hora de obtener dinero nuevo de inversores (o individuos). Fueron promotores soberbios y cerraron el trato con pagos lucrativos, al menos al principio. Los inversores observaron rendimientos fantásticos de sus inversiones iniciales, que excedían con creces lo que podrían ganar en cualquier otro sitio. Permitieron que la codicia les persuadiese para invertir más y más dinero en el esquema.

Antes de que un timador pueda separarle de su dinero, él o ella ha de hacer que gane confianza. Una técnica de venta común en los esquemas Ponzi es el cebo de una inversión prácticamente sin riesgo y que se amortiza en un corto período de tiempo. Muchas de las víctimas de un esquema Ponzi se sienten escépticas hasta que reciben el primer o segundo pago de las ganancias prometidas. Normalmente, eso es suficiente para convencerlas de la legitimidad de la inversión. Entonces reinvierten esas ganancias y, a menudo, aumentan el volumen del capital invertido. Para que los esquemas funcionen, casi siempre hay un "éxito" inicial para el inversor; el desembolso inicial es el incentivo.

¿Acaso piensa que eso no le podría pasar a usted? Los inversores de los fondos de cobertura de Bernie Madoff nunca esperaron que los fuesen a estafar. Madoff estafó a inversores experimentados, a sagaces administradores de fideicomisos familiares e incluso a otros fondos de cobertura, los también llamados "fondos de inversión subordinados" que invirtieron su dinero en el fondo de Madoff. A pesar de su sofisticación financiera, la promesa de ingresos lucrativos cautivó a estos expertos.

Muchas organizaciones de caridad cayeron en el engaño e invirtieron con Madoff, entre las que se incluye la Wunderkinder Foundation de Steven Spielberg. La lista de las víctimas de Madoff se parece al quién es quién de los famosos: Kevin Bacon, Kyra Sedwick, Larry King e incluso el patrimonio del difunto John Denver tienen una participación en su esquema. La empresa familiar del antiguo procurador general del estado de Nueva York, Eliot Spitzer, también fue estafada.

En los siguientes capítulos, estudiaremos el esquema Ponzi de Madoff y de otros. Una vez sepa cómo detectar un esquema Ponzi, podrá evitar ser víctima de ellos.

PONZI EN LA EDAD MEDIA

Los esquemas Ponzi han sucedido de una forma u otra desde que comenzó el trueque, y se volvió más sofisticado cuando evolucionaron los conceptos de divisa e inversión. Hoy en día, ese inmemorial timo se lleva a cabo con inversores desprevenidos.

Probablemente haya oído la frase «*robar a Peter para pagar a Paul*»[1]. En otras palabras, la frase significa tomar dinero de una persona simplemente para pagar lo que se le adeuda a otra. Esta frase se ha ido utilizando desde 1450, y probablemente se refiera a la misma treta. A continuación se expone la frase en su idioma original, la cual aparece en 1450 aproximadamente en *Jacob's well: an English Treatise on the cleansing of man's conscience*:

«*TO ROBBE PETYR & geve it to Poule, it were non almesse but gret synne*».

MIENTRAS QUE LA actualidad (y el inglés actual) difiere de la Inglaterra de 1450, la frase describe exactamente lo que hace un esquema Ponzi: paga las ganancias a los primeros inversores con el dinero de los contribuidores tardíos. El maquinador del esquema le entrega el dinero que afirma ser el beneficio de su inversión. Y qué beneficios; multiplican las ganancias que podría lograr en cualquier otro sitio.

Las ganancias de la inversión son una falacia, una estratagema para que gane confianza y convencerle de que se desprenda de más dinero. Conforme va ganando confianza, el estafador espera que aumente su inversión y convenza a otros para que inviertan también. Se vale de la ilusión y de trucos psicológicos para estafarle en este antiguo juego.

La estafa era muy conocida en el siglo XIX en Inglaterra. Incluso se mencionaba prominentemente en unos cuantos libros de Charles Dickens. En *Martin Chuzzlewitt*, la Anglo-Bengalee Disinterested Loan and Life Assurance Company empleaba los ingresos de nuevos asegurados para pagar a los antiguos. En *La pequeña Dorrit*, el Sr. Merdle persuade a inversores con ganancias fantásticas en los depósitos, cuando en realidad utilizaba ese dinero para ocultar la malversación del capital de antiguos depositantes. La educación de Dickens hizo que se despertase su interés por estas estrategias financieras.

El padre de Dickens despilfarró dinero y vivió muy por encima de sus posibilidades. Cuando John Dickens no fue capaz de pagar una deuda de 40 libras (3.018 libras en 2013) a un banquero en 1824, aquel padre de ocho niños fue encarcelado en la prisión de Marshalsea en Southwark (ahora dentro de los límites de la ciudad de Londres). Charles solo tenía doce años, pero tuvo que dejar la escuela para trabajar en la fábrica de betún de Warren, donde trabajaba diez horas diarias por seis chelines a la semana.

A la sazón, todas las prisiones se dirigían con ánimo de lucro, y se cobraba a los presos «cuota de prisión», lo que redujo aún más su capacidad para saldar sus deudas. Conforme se agravaban las cuotas, se añadía tiempo adicional a las sentencias de los presos. Algunos encarcelamientos se alargaban durante décadas, a pesar de que la mayoría de las deudas no sobrepasaban las 20 libras. Muchos presos incluso murieron de hambre, debido a que se les pidió que entregasen su propia comida y ropa.

Dickens estaba resentido por la pérdida de su libertad inherente a la infancia, y en sus trabajos abundaban los temas financieros. Muchas de sus historias retrataban a los artistas del engaño aprovechándose de la clase obrera. John Dickens no hizo una estafa Ponzi, pero a Charles parecían intrigarle los delitos financieros que confeccionó en sus historias. Quizás conociese a unas cuantas personas que hubiesen llevado a cabo estafas Ponzi en la vida real durante sus frecuentes visitas a la prisión.

Hoy en día, tenemos leyes y reglamentos que nos protegen. Estamos mejor informados y somos inversores más sofisticados en comparación con los abusos que se cometían en el pasado. Aun así, a pesar de las salvaguardias, los esquemas Ponzi son más comunes de lo que nunca han sido.

La mayoría de las estafas se han descubierto por casualidad. A pesar de la tecnología, las normativas y el acceso a más información de la que se ha tenido nunca, en raras ocasiones son los inversores o los reguladores los que destapan el fraude. En su lugar, el catalizador es a menudo un hecho externo, como la crisis financiera de 2008. Cuando los mercados se desplomaron y se agotó la liquidez, los inversores amortizaron sus inversiones. Muchos esquemas Ponzi, entre los que se incluye el de Madoff, se desmoronaron cuando no pudieron continuar con las amortizaciones. De repente, ya no había un nuevo inversor que pagase a los anteriores.

ACTUALIDAD—EL TOP TEN PONZI

El top ten de los esquemas Ponzi (por pérdidas financieras) de todos los tiempos sucedieron en su totalidad desde 1990. La mitad de ellos salieron a la luz durante la crisis financiera de 2008.

Estafador
Estafa
Año
Cantidad (en millones)

1. Bernard Madoff
Fondo de cobertura
2008
65.000$

2. Sergey Mavrodi
Reventa
1990
10.000$

3. Allen Stanford
Banca
2009
8.000$

. . .

4. Tom Petters
Reventa
2008
3.700$

5. Scott Rothstein
Compensaciones en cuotas
2009
1.400$

6. Damara Bertges
European Kings Club (Alemania, Suiza)
1994
1.100$

7. Ioan Stoica
Caritas Company (Rumanía)
1994
1.000$

8. Nevin Shapiro
Desvío de comestibles, distribuidor (EEUU)
2009
900$

9. Marc Dreier
Dreier LLP – pagarés falsos (EEUU)
2008

750$

10. Paul Burks
ZeekRewards (EEUU)
2012
600$

RETRATO DE UN ESTAFADOR

LOS ARTISTAS DEL ENGAÑO PROVIENEN DE TODOS LOS ÁMBITOS DE LA sociedad. Algunos crecieron en la pobreza, empeñados en obtener riquezas a cualquier precio. Otros, como Marc Dreier, provenían de familias acaudaladas y gozaban de cualquier ventaja. Bernard Madoff ascendió desde unos orígenes modestos, pero ya era millonario cuando comenzó su estafa Ponzi.

¿Qué es lo que lleva a las personas a poner en riesgo su reputación y su sustento? ¿Por qué se arriesgan a que las tilden de criminales, y a una potencial condena a prisión? Sorprendentemente, el dinero no es a menudo la parte esencial que motiva a estas personas a delinquir, aunque puede haber constituido la atracción inicial. En muchos casos, la fuerza preponderante es el ego o una necesidad de sentirse importante.

A pesar de cómo empiezan, la mayoría de los estafadores buscan la adulación inherente en el prestigio y el poder. A menudo disfrutan la emoción del engaño, a sabiendas de que pueden manipular y estafar algo a cualquiera. El poder y el reconocimiento avivan sus egos, y el dinero es simplemente el vehículo que les permite llegar a ello.

PSICÓPATAS FINANCIEROS

Aunque las circunstancias pueden diferir, la mayoría de los estafadores Ponzi comparten algunos rasgos en sus personalidades. Muchos de ellos son sociópatas o psicópatas; al menos casi, para llevar a cabos sus delitos sin sentirse culpables. ¿Cómo si no podrían actuar con pleno conocimiento de la ruina financiera que traen sobre sus confiadas víctimas? Confabulan y roban a ancianos y a personas sencillas sin una pizca de culpa o remordimiento, y no les puede importar menos el rastro de destrucción que dejan a su paso. Solo les preocupan sus propias necesidades.

Muchos dicen que pretendían devolver el dinero. Afirman que se vieron obligados a tomar «prestado» el dinero debido a un contratiempo; una excusa demasiado conveniente. Cuando indagas un poco en los detalles, descubres que, en la mayoría de los casos, han perpetrado sus estafas durante años, incluso décadas.

La mayoría de los estafadores están tan seguros de que no los van a descubrir que a menudo roban a su propia familia y amigos. Su grandioso sentido de la autoestima, arrogancia y sentido de superioridad sobre los otros es verdaderamente asombroso.

La única cosa buena en su pretenciosa actitud es que frecuentemente da como resultado su perdición. La arrogancia hace que no vean los fallos de sus estafas, y eso es a menudo el motivo por el que al final acaban expuestos.

Por supuesto, no todos los estafadores Ponzi son psicópatas, como tampoco están todos los psicópatas maquinando una estafa Ponzi. Sin embargo, cuando tratemos las personalidades detrás de los mayores esquemas Ponzi de la historia, se percatará de algunas similitudes llamativas. La investigación de las mentes de los estafadores Ponzi ha puesto de manifiesto que un número verdaderamente sorprendente de ellos exhibe rasgos psicopáticos.

El Dr. Robert D. Hare[1], desarrollador de la *Hare Psycology Checklist* (PCL-R), incluye las siguientes características clave de un psicópata:

1. Labia y encanto superficial. La tendencia a ser gentil, cautivador, encantador, profesional y superficial en lo que dice. No son en absoluto tímidos, cohibidos, ni temen decir cualquier cosa. Los psicópatas siempre saben qué decir.

2. Autoestima exagerada. Una percepción exageradamente pomposa de sus propias habilidades y autoestima; seguridad en sí mismos, obstinados, engreídos, fanfarrones. Son personas arrogantes que se creen seres humanos superiores.

3. Necesidad de estímulos por una tendencia al aburrimiento. Una excesiva necesidad de estímulos nuevos, emocionantes y excitantes, haciendo cosas arriesgadas. Los psicópatas rara vez finalizan tareas porque se aburren con facilidad. Muchos no consiguen permanecer en el mismo trabajo por mucho tiempo, por ejemplo, o acabar tareas que consideran aburridas o rutinarias.

4. Mentirosos patológicos. Esto puede darse a un nivel moderado o alto. En su variante moderada, los psicópatas son astutos, taimados, ingeniosos, ladinos e inteligentes. En su variante extrema, son traicioneros, mentirosos, engañosos, inmorales, manipuladores y deshonestos.

5. Estafadores y manipuladores. Se valen del engaño y la traición para estafar a otros para su enriquecimiento personal; en contraste con lo mencionado en el cuarto punto en tanto en cuanto a que se encuentran presente la explotación y la crueldad inhumana, como se ve reflejado en su falta de preocupación por los sentimientos y el sufrimiento de sus victimas.

6. Falta de remordimiento o culpa. La ausencia de sentimientos o preocupación por las pérdidas, el dolor y el sufrimiento de las víctimas; tendentes a la indolencia, la impasibilidad y a la falta de compasión.

7. Frivolidad. Pobreza emocional o sentimientos poco variados o profundos; frialdad interpersonal a pesar de que muestran signos de ser abiertos socialmente hablando.

8. Maldad y falta de empatía. Carencia de sentimientos hacia la gente en general; fríos, desdeñosos, desconsiderados e insensibles.

9. Estilo de vida parasitario. Dependencia económica intencional, manipuladora, egoísta y explotadora de otras personas como se ve reflejado en su falta de motivación, baja autodisciplina e incapacidad para comenzar o completar responsabilidades.

10. Escaso control de comportamiento. Expresiones de irritabilidad, hastío, impaciencia, amenaza, agresión y abuso verbal; control inadecuado de la ira y temperamento. Actúan con rapidez.

ESTA SOLO ES una parte de la lista PCL-R de Hare, pero puede hacerse una idea. Todo lo expuesto arriba conforma los rasgos perfectos de un estafador Ponzi. Incluso los expertos en medicina encuentran dificultades a la hora de confirmar el diagnóstico de un psicópata; marcar en las casillas no es todo lo que conlleva identificar a un psicópata. Sin embargo, pone de manifiesto una cuestión fundamental: ¿Por qué se nos ocurre confiar nuestro dinero a personas con esas características?

Scott Rothstein, abogado inhabilitado en Florida y autor de una estafa Ponzi de 1.400 millones de dólares, exhibía la mayoría de las características. Entre sus extravagantes compras se incluían su colección de relojes valorada en un millón de dólares, coches exóticos y un patrimonio de lujo. Pero la cosa no acabó ahí. Su gasto irresponsable también incluía contribuciones exageradas a partidos políticos con el objetivo de ganarse su favor, y también realizó donaciones a la caridad para avivar su necesidad de reconocimiento y publicidad. Incluso después de ser descubierto con las manos en la masa y de admitir su culpabilidad, huyó por un breve período de tiempo a Marruecos. Había ocultado dinero allí, después de haber tenido la claridad mental para confirmar con antelación la ausencia de cualquier tratado de extradición.

Bernie Madoff no mostró remordimiento alguno después de cometer la estafa Ponzi más grande de la historia. El antiguo coordinador jefe del NASDAQ ya era multimillonario, por lo que no necesitaba el dinero. Era increíblemente rico, se movía en círculos exclusivos y tenía tanto prestigio que incluso administradores de fondos de cobertura experimentados rogaban poder invertir capital con él. Madoff además contaba con todos los adornos de la opulencia: un yate en la Riviera Francesa, un par de jets a su disposición y, al igual que Rothstein, una colección de relojes caros.

Sin embargo, más allá de lo que hizo Rothstein, Madoff se congració con personas importantes, como los reguladores de Wall Street. Al igual que Rothstein, poseía un ego y un sentido de superioridad excesivos, y una completa falta de empatía por sus víctimas. Incluso después de admitir su culpabilidad, parecía más preocupado por su reputación que por las vidas que había arruinado. La visión del mundo de un estafador siempre se centra en el estafador, no en los demás.

¿Se puede considerar que Madoff, Rothstein y otros estafadores sean psicópatas? Desde luego eso es algo que solo saben sus psicólogos. Muchos nunca comenzaron con la intención expresa de estafar a otras personas. Dadas las motivaciones y circunstancias propicias, casi todo el mundo puede cometer un fraude. Guarda menos relación con la educación, el estatus social o la ambición de lo que podría imaginar. Como ya hemos visto, el dinero es a menudo un factor secundario.

A parte de la psique de un estafador, existen algunas señales externas que se pueden buscar. Numerosos artistas del engaño están preocupados en demasía por su imagen; puede que se jacten de sus conexiones o que sientan la necesidad de sentirse importantes. Muchos donan enormes sumas del dinero de otros a la caridad, con el único objetivo de conseguir que pongan su nombre a un ala de un hospital o de una facultad.

A menudo poseen coches, casas y yates caros, o joyas llamativas. Solo lo mejor es lo suficientemente bueno para ellos en lo que a viajes, ropa y otros atributos de la riqueza se refiere. La imagen es primordial; quieren aparentar ser extremadamente ricos y exitosos, quizás como una evidencia más de que deberías invertir con ellos.

A algunos les encanta codearse con atletas de élite, celebridades y políticos. Nevin Shapiro gastó millones como adepto al fútbol, solo para poder quedar con los jugadores de la Universidad de Miami y con las estrellas de la NBA. Una vez que se enfrentó a la cárcel por su estafa Ponzi, arremetió contra el programa de deportes de la Universidad de Miami y acusó a los deportistas de violar las normas al aceptar sus regalos. Si iba a caer, decidió llevarse a los demás consigo, incluso a aquellos que no guardaban relación con su estafa Ponzi; su ego se lo exigía.

ATRAPAR A UN LADRÓN

Al margen de la psicología, la gente revela su carácter de una forma más clara mediante la realización de sus acciones cotidianas. Mire a la persona que hay detrás de la inversión y tómese unos minutos para comprobar los antecedentes. Mucha de la información que se expone a continuación se puede encontrar en línea, en registros públicos o en los medios de comunicación.

Aunque una revisión de antecedentes no indica si esa persona está llevando a cabo un esquema Ponzi, sí que revelará mucha información acerca de la integridad y el carácter de esa persona.

Alguien que exhiba todas o algunas de las siguientes características pueden no tener mucha conciencia. En el mejor de los casos, es probable que no sean honestos en al menos algunas relaciones personales o comerciales. ¿Por qué asumir que serán honestos o que actuarán con integridad en las relaciones comerciales que mantengan con usted?

1. Multas por exceso de velocidad o infracciones con vehículos a motor

A casi todo el mundo lo multan de vez en cuando por exceso de velocidad. Sin embargo, la gente a la que multan repetidas veces muestran una descarada indiferencia por las leyes y normativas. Este tipo de personas a menudo decide que las normas se aplican a otros y no a ellos. En la mayoría de los casos, tampoco pagan las multas. Su forma de evitar las normas se puede aplicar también a otras áreas, como las normativas sobre valores. Evita invertir con alguien que elude la ley.

1. Relaciones extramatrimoniales

Cualquier persona involucrada en un engaño de cualquier clase muestra tendencias hacia la gratificación personal y una alarmante falta de ética y moral.

1. Conflictos profesionales o comerciales

La mayoría de los estafadores tienen una historial previo de conflictos comerciales, pleitos e incluso cargos por fraude previos. Varios de los antiguos socios pueden también rehusar de establecer negocios con esa persona, o incluso mantener contacto con ella. Puede que no estén dispuestos a decir por qué, pues el estafador a menudo utiliza el ataque como defensa. Puede amenazarles con pleitos. Este tipo de cosas no es difícil de sacar a la luz con la cantidad de información disponible en línea hoy en día.

1. Sancionados o investigados por organismos reguladores en el pasado

Una acción sancionadora, a menudo viene precedida por advertencias repetidas. A la mayoría de la gente se le sanciona una vez que todo lo demás ha fallado.

1. Pasado delictivo

Es sorprendente cuánta gente posee un historial de condenas repetidas por fraude, pero que consiguen realizar delitos similares o incluso repetirlos de forma idéntica con víctimas desprevenidas.

EL TRIÁNGULO DEL FRAUDE

Aunque la personalidad y la psicología juegan un papel fundamental en las acciones de un estafador, existen otras consideraciones de igual importancia. Donald R. Cressey fue un célebre criminólogo, sociólogo y penalista, y se le consideró de forma amplia como un pionero en el estudio de los delitos de guante blanco. En la década de 1950, entrevistó a más de cien reclusos que habían sido condenados por desfalco de modo que pudiera entender su comportamiento y motivaciones. Identificó tres rasgos comunes, los cuales, de presentarse *conjuntamente*, llevarían a un comportamiento fraudulento. Esta combinación se conoce comúnmente como *el triángulo del fraude de Cressey*:

1. Problemas financieros definidos no compartibles, así como la oportunidad de violar la confianza.
2. Conocimiento del mecanismo de un negocio específico.
3. Racionalización del acto.

EL TRIÁNGULO del fraude de Cressey está más relacionado con los desfalcadores, pero los principios se aplican a cualquier situación donde haya una oportunidad de estafar. Con el acceso y conocimiento adecuados, todo lo que falta es racionalizar, o una excusa. Algunos estafadores no planean expresamente comenzar un esquema Ponzi; tras unos cuantos problemas de inversión o de flujo de efectivo, se percatan de que no son capaces de escapar del desastre financiero que han creado. En lugar de confesar sus errores, ocultan las pérdidas y justifican el engaño diciéndose a sí mismos que están tomando prestado fondos de forma temporal. Cuando las cosas mejoren, devolverán el dinero y nadie se dará cuenta del engaño. Por supuesto, el reembolso nunca llega, a menudo porque no es posible. Una vez que ya no son capaces de atraer el capital de nuevos inversores para pagar a los anteriores, se ven expuestos.

Independientemente de cómo empezase el engaño, estos estafadores son personajes en los que difícilmente se puede confiar. Además, la afirmación de que el esquema comenzó de forma legítima puede ser una idea egoísta. Cuando el esquema de desenmaraña al final, la fecha de inicio de la estafa se torna muy importante, puesto que determina la división de cualquiera de los fondos restantes entre las víctimas. Los beneficios pagados a los inversores antes de la fecha de inicio de la estafa se consideran legítimos y pertenecen a los inversores que los reciben. Sin embargo, los beneficios recibidos después de que comience la estafa no pertenecen a los receptores del mismo, pues se les ha pagado con los fondos de inversores previos.

Los ganadores netos que se encuentren bajo el esquema deben entregar sus supuestas «ganancias». El capital recuperado se redistribuye entre los ganadores y los perdedores netos, lo que garantiza que todo el mundo comparte las pérdidas, puesto que las ganancias no fueron reales desde un primer momento. Es similar a confiscar bienes robados a aquellos que los compraron. Los objetos robados son devueltos a sus legítimos propietarios, y el comprador inconsciente se queda sin su dinero.

Bernard Madoff afirmó que su esquema Ponzi se inició a partir de un fondo de inversión legítimo. Esto podría ser así, excepto por el hecho de que tenía un interés particular en elegir una fecha posterior como inicio de la estafa. Dicha fecha favorecería a los primeros inversores (quienes además resultaron ser familiares y antiguos amigos).

En relación a cualquier afirmación sobre que un esquema Ponzi se haya realizado de forma inintencionada, hay que creerse la mitad. La diferencia entre un estafador Ponzi que lo haya premeditado todo o que lo haya hecho de forma inintencionada radica simplemente en el grado de racionalización. Todos lo han tenido que premeditar en algún momento, pues están comprometidos con la intención expresa de robar a otras personas.

The Accountant's Handbook of Fraud and Commercial Crime también resume los ingredientes esenciales para una estafa en la teoría *GONE*[2]:

- *Codicia*
- *Oportunidad*
- *Necesidad*
- *Expectativa (de que no lo atrapen)*

Aunque la codicia conduce al deseo por el dinero y la riqueza, debe haber presente una oportunidad. Esto sirve como detonante para que la persona convierta sus deseos en acciones. La mayoría de la gente con conciencia aún permanecería sin cometer la estafa, pues el riego de exposición, el daño que pueda sufrir su reputación y la perspectiva de la cárcel pesa mucho más que la potencial recompensa.

Lo que conduzca a un individuo a cometer un delito debe ser una necesidad aún mayor, ya sea su ego, una adicción a las drogas o la necesidad de tapar perdidas de inversiones anteriores. El ego es la necesidad fundamental para la mayoría de los estafadores Ponzi. Aunque necesitan ocultar sus pérdidas financieras, dichas pérdidas solo se dan una vez que los esquemas ya se han puesto en marcha. Por su parte, muy pocos estafadores Ponzi son drogadictos, por el simple hecho de que están demasiado ocupados falsificando declaraciones de clientes y manipulando estados financieros.

La última barrera para cometer una estafa, el temor a que le atrapen, se elimina si el autor cree que puede ocultar la estafa. La mayoría de los estafadores de este libro restringieron el acceso a los estados financieros solo para ellos o para unas pocas personas dignas de su confianza. Además, mantuvieron sus oficinas cerradas y fueron mucho más «prácticos» que los típicos ejecutivos.

Dadas las circunstancias propicias, cualquiera puede planear un esquema Ponzi.

CHARLES PONZI

NI EL PRIMERO, NI EL ÚLTIMO

Detalles de la estafa

Charles Ponzi
Tema
The Securities Exchange Company, sellos de respuesta internacional
Estafa
20 millones de dólares (225 millones de dólares en la actualidad)
Beneficios prometidos
100% en 90 días
Inversores estafados
Miles (se desconoce el número exacto)
Fecha en que se descubrió
Década de 1920
Dónde
Boston, Massachusetts
Sentencia
12 años

BOSTON, MASSACHUSETTS—1918

Charles Ponzi miró a su alrededor en su oficina de la 5ª planta del edificio Niles en School Street. Su domicilio profesional, en Boston, no podía ocultar el hecho de que era un completo y total fracaso. Su actual aventura empresarial no había dado resultado, el último de una sucesión de fracasos. No tenía dinero para el alquiler y la empresa de alquiler de mobiliario de oficina estaba a punto de llevarse el suyo. Lo peor de todo era que se había quedado sin mentiras que contar a su madre, quien vivía en Parma, Italia.

Aquellas circunstancias no eran las que había imaginado cuando hubo desembarcado del SS Vancouver en Boston Harbor, en 1903, con unos cuantos dólares en el bolsillo y un gran sueño. Ahí estaba, con quince años y sus sueños de hacerse rico en América en un duro contraste con la realidad. Tenía poco que mostrar por sus esfuerzos, aparte de trabajos esporádicos y un período en prisión tanto en EE.UU. como en Canadá. Ahora se enfrentaba a una bancarrota inminente. Tenía una mujer a la que apoyar y un suegro que le exigía la amortización del préstamo que le hizo para su esquema mediante el cual se haría rico de forma rápida: un directorio de empresas.

No obstante, el dinero para el directorio se había esfumado, y se vería forzado a volver a la monotonía que supondría trabajar para otra persona por pena. El problema era que nunca le habían pagado lo suficiente para permitirse el estilo de vida que se merecía. Suspiró. ¿Por qué no podía tomarse un descanso?

Ponzi sacó con cariño el reloj de bolsillo de su chaqueta de *tweed* y lo abrió. Faltaban diez minutos para que el hombre de la tienda de muebles recuperase los muebles de la oficina. Ya debía el alquiler de varios meses y se había quedado sin excusas. Lo bueno de que se llevaran el mobiliario era que ya no lo tendría que mover cuando el casero lo echase por el impago del alquiler.

En unas pocas horas, se enfrentaría al padre de Rose en la cena. La poca estima que el Sr. Gnecco sentía por él disminuiría aún más. La guía de comercio había sido una cosa segura (una publicación de comercio exterior gratuita que obtenía sus ingresos mediante anunciantes. Con unos precios más baratos que los de la competencia, estaba seguro de que las empresas acudirían rápidamente. Los anuncios no se habían materializado), pero en su lugar solo había recibido media docena de respuestas de EE.UU. y una de la lejana España. Lo que era aún peor, la respuesta de España le había enviado algo que se denominaba como cupón de respuesta internacional en lugar del dinero requerido.

Tomó el sello y lo examinó. El español se parecía lo suficiente a su idioma nativo, el italiano, como para entender que podía amortizar el sello de treinta céntimos de peseta por cinco centavos en cualquier oficina de correos de EE.UU.

Una miseria.

Arruinado o no, un níquel apenas merecía un viaje a la oficina de correos. Arrugó el papel en la palma de su mano y lo arrojó a la papelera que pronto le iban a quitar.

Mientras miraba la papelera, su cerebro hizo los cálculos automáticamente. ¿Treinta céntimos de peseta por un níquel era un tipo de cambio de seis a uno. ¿Lo había leído correctamente?

Se le aceleró el pulso conforme tomaba el Boston Herald y pasaba las páginas hasta llegar a las de finanzas. Abrió por la página de divisas y desplazó hacia abajo su dedo por la estrecha columna. A mitad se encontraba con letra pequeña la peseta española, con un tipo de cambio de 6,6 por un dólar estadounidense. Rápidamente volvió a hacer el cálculo. El tipo de cambio del cupón de respuesta internacional era un 10% mejor que el tipo de cambio del Boston Herald. Podría obtener 5 centavos en la oficina de correos, cuando el tipo de cambio actual era de tan solo 4,5 centavos.

Cinco centavos por treinta céntimos de peseta. Un cupón de respuesta internacional no merecía la pena, pero el diez por ciento de una cantidad mayor sí que lo haría rentable. ¿Cómo podía obtener más sellos?

Ponzi saltó de la silla y rescató el sello arrugado de la basura. Lo desdobló y lo leyó con cuidado. En efecto, el sello rezaba que se podía amortizar por cinco centavos y que el tipo de cambio se había fijado mediante un tratado internacional; algo irrelevante, pues él no conocía a nadie en España.

Sin embargo, si la oficina de correos tenía un acuerdo con España, seguramente los tenía con otros países. ¿Habría un acuerdo tal con Italia? Toda Europa se había sumido en una depresión después de la guerra, y ningún país más que Italia; si España tenía una diferencia en la divisa, también la tendría Italia. Al haber nacido allí, conocía a gente en Italia, gente que podía ayudarle a hacer dinero. Toneladas de dinero.

LA SECURITIES EXCHANGE COMPANY, BOSTON MA—1918

Charles Ponzi nació como Carlo Ponzi en Parma, Italia, en 1882. Llegó a Boston en 1903 y declaró: «desembarqué en este país con 2,50$ en efectivo y un millón en esperanza, y esas esperanzas nunca me abandonaron». Es difícil verificar su afirmación acerca de que perdió la mayoría de su dinero jugando durante el viaje a Estados Unidos, dada si inclinación a faltar a la verdad. Lo que sí sabemos es que estuvo constantemente en busca de dinero fácil.

Trabajar para otra persona no era su ideal de carrera satisfactoria. Tras un trabajo a nivel principiante como friegaplatos, trabajó durante un breve período de tiempo como camarero. Pronto lo despidieron por robar y por devolver mal el cambio a los clientes. Desempeñó trabajos variados, pero nunca pareció durar en ningún sitio. La agotadora vida de un jornalero no estaba hecha para él.

Por un golpe de suerte, dio a parar con un trabajo en el Banco Zarossi, en Montreal, adonde se mudó en 1907. El banco prestó servicios a la gran población inmigrante de Montreal. Su fundador, Luigi «Louis» Zarossi, probablemente sirvió de inspiración a Ponzi. Zarossi pagaba a los depositantes un tipo de interés al 6% (el doble que el tipo de mercado en aquel momento). Resulta que Zarossi pagaba los intereses con los fondos de los nuevos depositantes. Quizás lo que hoy en día llamamos esquema Ponzi debería denominarse «esquema Zarossi». El hecho de que Zarossi llamase a su banco como él mismo era probablemente una señal de advertencia sobre lo que iba a suceder.

Zarossi huyó a México con la mayoría del dinero del banco, y dejó a su familia atrás en la indigencia. Ponzi probablemente nunca imaginó que acabaría haciendo algo similar años después; o quizás, en lo más profundo de su mente, creía que si alguna vez hacía tal cosa, sería mucho más inteligente.

Una vez que el esquema de Zarossi fue descubierto, Ponzi se vio sin blanca y sin trabajo. Quería volver a los Estados Unidos, pero necesitaba dinero para llegar allí. Visitó *Canadian Warehousing*, un antiguo cliente del Banco Zarossi, sin duda para perpetrar algún tipo de esquema fraudulento. Para su sorpresa, la oficina estaba vacía y sobre la mesa del despacho yacía un talonario sin ninguna vigilancia. Oportunista como siempre, procedió a sacar provecho de su buena fortuna extendiéndose a sí mismo un cheque falsificando la firma de uno de los directores de la empresa. Cobrar aquel cheque le granjeó una pena de tres años de prisión. Su comportamiento impulsivo e imprudente siempre parecía pasarle factura.

Ponzi fue puesto en libertad en 1911 tras cumplir su sentencia. Volvió a los Estados Unidos e inmediatamente se vio envuelto en tráfico ilegal de inmigrantes italianos al país. Aquel delito dio como resultado otra sentencia de dos años más en prisión.

En Boston conoció a su futura esposa, Rose Maria Gnecco, y además se le ocurrió una idea para vender publicidad en un directorio de empresas. Su idea recibió respuestas de indiferencia por parte de la mayoría de las empresas, pero una de las respuestas era de una empresa española que contenía un cupón de respuesta internacional.

A Ponzi le intrigaba el hecho de que el cupón le permitiese comprar el equivalente en sellos necesario para enviar una carta, sin tener en cuenta la fuerza de la divisa de dicho país. Por ejemplo, el precio del cupón era mucho menor en España, pero con él se compraban sellos en EE.UU. por un valor muy superior al que había pagado por el cupón la empresa española. En esencia, podría comprar esos cupones más baratos en un país y venderlos por un precio más alto en otro. Este simple arbitraje en las fluctuaciones de divisas podía ser su billete a la riqueza.

Ponzi envió dinero prestado a sus parientes italianos para que comprasen cupones de respuesta internacional y enviárselos a él. Una vez tuvo los cupones en mano, descubrió que los trámites burocráticos para canjearlos hacían que el esfuerzo no mereciese mucho la pena. No obstante, si cobrase suficiente con ellos, el esquema valdría la pena. Por supuesto, ampliar la idea implicaba conseguir que otros inversores le dieran dinero.

Los inversores le proporcionarían capital, puesto que para él era casi imposible obtener financiación. Los bancos lo rechazaban debido a su historial turbio, y a que no tenía trabajo ni aval. Además, insistía en guardarse para sí los detalles de su plan secreto, de modo que nadie pudiera entrometerse en su forma infalible de hacerse rico. Un préstamo bancario implicaría que tendría que divulgar sus planes para ganar dinero; cualquier persona a la que rebelase su plan podría robarle la idea.

En lugar de ello, decidió que sería lo suficientemente fácil reunir pequeñas cantidades de dinero de varios inversores, siempre y cuando les tentase con generosos beneficios. Si hacía la inversión lo suficientemente pequeña, nadie le haría demasiadas preguntas.

Ponzi no quiso utilizar su propio nombre; alguien podría investigar su historial y descubrir que había sido un estafador. También necesitaba el nombre de una empresa que proyectase la imagen adecuada de estabilidad y credibilidad.

Una sociedad anónima era imposible, pues no se podía permitir un abogado. Aquello se reducía a una sociedad colectiva, pero no se podía arriesgar a compartir su idea con nadie. Así nació *Securities Exchange Company*, una sociedad colectiva sin socio. Pero cuando rellenó el formulario en el Ayuntamiento de Boston, se le requería registrar un socio. Tras unos instantes de cavilaciones, anotó el nombre de su tío, John S. Dondero, confiado en que nunca lo descubriría.

Ahora que la empresa estaba registrada, acometió la tarea de captar inversores que financiasen la compra de los cupones de respuesta internacional. Al principio, alcanzó pequeñas sumas, diez dólares o así emitiendo pagarés con un beneficio del 10% en tan solo noventa días.

Fuera cual fuese el talento del cual Ponzi carecía en cuanto a agudeza financiera, lo compensaba con creces con su entendimiento de la naturaleza humana. La mera mención de algo tan exótico como cambio de divisas extranjeras siempre atraía interés, y al añadir un 50% de beneficios lo hacía algo irresistible.

Pronto contrató agentes para que vendieran sus inversiones, prometiéndoles una tajada del 10%. No había que seguir ningún reglamento, puesto que la *Securities and Exchange Commission* no existiría hasta unos años después, en 1921. Era una venta fácil; pequeñas cantidades que se podían arriesgar con facilidad, y el beneficio potencial atrajo la atención de la gente. En propias palabras de Ponzi:

«Económicamente hablando, habría parecido demencial como inversión, pero era extremadamente atractivo como apuesta[1]».

Todo lo que necesitaba eran los cupones, algo que era fácil de conseguir con la ayuda de un amigo que trabajaba en un transatlántico. Los cupones estaban disponibles por descontado. Llegados a este punto, nada era ilegal. Una vez el amigo de Ponzi hubo comprado los cupones de Italia, este simplemente los cobró y devolvió el dinero a los inversores, como prometió.

Por supuesto, todos querían reinvertir, así como una multitud de nuevos inversores ansiosos por hacerse ricos. Cuando los primeros inversores vieron los frutos, la palabra se difundió rápidamente. Ese boca a boca era exactamente con lo que Ponzi contaba. Muchos más inversores hicieron cola con su dinero, y los primeros inversores aumentaron sus inversiones; en lugar de 10 dólares o 20 dólares, muchos de ellos invirtieron todos sus ahorros e incluso pidieron préstamos.

El efectivo de Ponzi creció exponencialmente. En febrero de 1920, el primer mes de las operaciones, reunió 5.000 dólares. Un mes más tarde, esa cantidad aumentó a 30.000 dólares, y tan solo un par de meses después, a 420.000 dólares. Allá por julio, estaba ganando millones, especialmente después de un halagador artículo en el *Boston Post* a finales de julio de 1920. Aquel artículo le cambió la vida; muchos fueron al edificio Niles, deseosos de invertir con él.

El 24 de julio de 1920 fue un sábado distinto a cualquier otro que Ponzi hubiera vivido jamás. Una gran multitud de gente se congregó frente al número 27 de School Street después de que el Boston Post publicase la historia acerca de Ponzi y de su *Securities Exchange Company*. La impresión que aquello le daba era como si los dos millones de habitantes del Gran Boston aguardasen fuera del edificio, ansiosos por obtener una parte de su lucrativo negocio de los cupones de respuesta. La policía montada vigilaba a la multitud. En aquel momento, estaba atrayendo un cuarto de millón de dólares diarios; qué diferencia en comparación con unos pocos meses atrás, cuando se encontraba en la ruina y venido a menos.

Desafortunadamente para Ponzi, también atrajo la atención de algunos escépticos, incluyendo a Richard Grozier y a Eddie Dunn, redactor y editor jefes respectivamente del Boston Post. Decidieron indagar más y contrataron los servicios de Clarence Barron, por la fama de la memoria financiera de Barron, para así proporcionar un análisis y opinión financieros sobre la probabilidad de la vuelta de Ponzi a las inversiones.

El 26 de julio, el Boston Post publicó un artículo complementario. No fue para nada halagüeño. Barron se percató del hecho de que Ponzi no estuviera invirtiendo su propio dinero en *Securities Exchange Company*. Si tan buena inversión era, ¿por qué no invertía al igual que sus accionistas?

Barron concluyó, además, que puesto que solo había en circulación 27.000 cupones de respuesta, las cifras de Ponzi no cuadraban. Necesitaría tener en circulación al menos 160 millones para cubrir los supuestos beneficios de la inversión.

Aquello no detuvo las congregaciones de gente afuera de su oficina. Sin embargo, en aquel momento la exuberancia se había reemplazado por la ira y el pánico. Ponzi trató de aplacar a la multitud con café y donuts. Aquello, junto con una dosis de carisma, pareció funcionar con algunos, quienes decidieron mantener su dinero invertido.

No obstante, el artículo de Barron y las multitudes frente a la oficina de Ponzi habían atraído la atención de Daniel Gallager, el Fiscal General de EE.UU. Asignó a Edwin Pride la tarea de realizar una auditoría a *Securities Exchange Company*.

Ponzi decidió que la mejor defensa era un buen ataque, de modo que en agosto de 1920, demandó a uno de los reporteros por difamación escrita y ganó una indemnización de 500.000 dólares. Para mitigar cualquier duda sobre su capacidad para cobrar todos los cupones de respuesta, simplemente declaró que su secreto comercial radicaba en cómo cobrase los cupones. La mayoría le creyó; era invencible.

La inmensa popularidad de los cupones de respuesta también le trajo otro conjunto de problemas. Incluso si pudiese echar mano a suficientes cupones, el viaje de vuelta transatlántico desde Europa llevaba demasiado tiempo como para devolver la inversión en el tiempo previsto.

Mientras tanto, se llevó a cabo la auditoría, y Ponzi siguió insistiendo en que su éxito se debía a una metodología secreta. Cerró temporalmente la empresa a nuevas inversiones, valiéndose de la auditoría como pretexto. También contrató a un publicista, William McMasters, quien había sido reportero.

Es difícil determinar cuándo dejó Ponzi de comprar cupones de respuesta internacional. Sea cual fuere el momento en el que dejó de comprarlos, el esquema se convirtió en una estafa. Al final, se convirtió en algo obvio para otros, además de Barron, el hecho de que simplemente no había en circulación suficientes cupones de respuesta internacional que proporcionasen beneficios a las multitudes de nuevos inversores.

La auditoría también sacó a la luz irregularidades, siendo la más atroz la ausencia de un sistema de contabilidad adecuado. Ponzi no tenía absolutamente ningún sistema de contabilidad. Sus registros consistían en los nombres de los inversores impresos en fichas, algo que era de por sí una importante señal de alarma.

No solo empezaron a sospechar unos pocos periodistas y personas que no habían invertido con él. William McMasters, el publicista, estaba sorprendido por la deplorable escasez de conocimientos financieros de Ponzi, dado que afirmaba ser un genio de las finanzas. Un poco de investigación confirmó sus sospechas acerca de que las cosas no eran como Ponzi le había hecho creer. En lugar de obtener beneficios, en realidad Ponzi se encontraba en un pozo de al menos 4,5 millones de dólares.

McMasters, otro oportunista, vendió su historia al Boston Post por 5.000 dólares. La historia originó una oleada de amortizaciones, pero Ponzi, no se sabe cómo, consiguió hacerles frente.

Mientras, la auditoría del Fiscal de EE.UU. sacó a la luz incluso más discrepancias sorprendentes. Ponzi debía más de siete millones de dólares, y la situación se deterioró aún más cuando el Boston Post descubrió los antecedentes penales de Ponzi en Canadá y su estancia en prisión. El mismo día que el Post reveló los antecedentes de Ponzi, la *Bank Commission* se apoderó de *Hanover Trust*, un banco del que Ponzi se había hecho con el control con sus millones.

En definitiva, el esquema de Ponzi provocó la quiebra de seis bancos y pérdidas de más de 20 millones de dólares. Fue detenido y acusado por fraude postal. Se declaró culpable a cambio de una sentencia menos de tan solo cinco años, pero solo cumplió tres años y medio. No obstante, aquel no fue el final de sus problemas. Una vez salió de la prisión federal, el estado de Massachusetts presentó cargos contra él. estaba demasiado arruinado como para contratar a un abogado que le defendiera de los veintidós cargos por latrocinio, de modo que se defendió él mismo. Se valió de su encanto para salir airoso por los primeros diez delitos en el primero de tres juicios.

Los siguientes dos juicios no fueron tan favorables. El segundo juicio quedó en punto muerto. En el tercer juicio fue declarado culpable y condenado a una pena de siete a nueve años de prisión.

Aún en libertad bajo fianza, planeó otro esquema, el cual consistía en vender ciénagas en Florida mediante una empresa denominada Charpon (compuesto por las letras de su nombre y apellido). Una vez lo descubrieron, trató de huir a Italia a bordo de un barco transatlántico. No obstante, lo aprehendieron en el último puerto de escala en EE.UU., en Nueva Orleans. Le revocaron la fianza y lo enviaron a prisión a cumplir el resto de su condena.

En cuanto Ponzi salió de prisión en 1934, fue deportado de inmediato a Italia. Al final encontró un trabajo con *Ala Littoria*, una compañía de vuelo italiana. El puesto de trabajo era en Brasil, pero aquello terminó con la Segunda Guerra Mundial, cuando dejaron de hacer vuelos a Brasil. Según cuenta, consiguió hacerse con 15 millones de dólares en nueve meses, para perderlo todo al final.

Su esposa Rose finalmente se divorció de él, y su salud empeoró tras un derrame cerebral. La caída en desgracia fue incluso más rápida que su ascenso a la fama y a la fortuna. Pasó los últimos años de su vida en Rio de Janeiro, donde murió solo y pobre el 18 de enero de 1949.

ESTAFADORES DEL SIGLO XIX

PIONEROS PONZI

UNA NUEVA ERA

EN EL SIGLO XIX, ESTADOS UNIDOS ERA UN LUGAR INTERESANTE. EL comercio creció mientras que Estados Unidos se expandía hacia el oeste. El mercado bursátil se multiplicó por seis, aunque las crisis bancarias se sucedían con tanta frecuencia como las elecciones a la presidencia. El movimiento por el sufragio femenino estaba cobrando fuerza, y un gran flujo de inmigrantes comenzó a dar forma al país que existe hoy en día. La sociedad pasó de ser principalmente agraria a manufacturera conforme la gente se iba en manadas a las ciudades.

El final del siglo XIX también marcó el ascenso del comercio en Estados Unidos. Fue una era en la que los nuevos ricos prosperaban pero las masas apenas tenían para sobrevivir. Tanto si te topabas con la oportunidad o la desgracia, no había programas de ayuda social. Los individuos tenían que ser creativos para llegar a fin de mes. Junto con los emprendedores, llegaron los oportunistas, ansiosos por separar a los nuevos ricos de su dinero. Cualquiera que desease un enorme rendimiento de sus salarios y ahorros tan duramente ganados constituía un objetivo. Una estafadora particularmente exitosa fue Sarah Howe.

SARAH HOWE Y EL LADIES DEPOSIT COMPANY

Particulares del esquema Ponzi

Sarah Howe

Tema

Ladies Deposit Company

Estafa

500.000$ (11 millones en dólares actuales)

Beneficio prometido

2% a la semana

Inversores estafados

1.200 mujeres

Fecha en que se descubrió

Década de 1880

Dónde

Boston, Massachusetts

Condena

3 años en prisión

EL LADIES DEPOSIT COMPANY—BOSTON, MASSACHUSETTS, 1879

Sarah Howe abrió el cajón de su mesa de despacho y metió dentro el sobre con el dinero. El tardío sol matutino se introdujo en su oficina de Garland Street y se reflejó en el tintero de cristal que se encontraba sobre su nueva mesa de caoba. Todos los ornamentos del éxito: algo con lo que ella nunca habría soñado hacía menos de un años.

El negocio era bueno. Garabateó un recibo y lo arrancó del libro. Se lo pasó a la mujer que estaba sentada al otro lado de la mesa de despacho con una sonrisa.

—Quedará encantada.

Edith Clark estiró su regordeta mano, y la tela de su vestido se estiraba contra su amplia barriga cuando se inclinó hacia delante. Las pequeñas filas de botones que iban desde el cuello hasta la cintura reflejaban la luz de la lámpara de araña. Las perlas de los pendientes se hundían en los lóbulos de sus orejas, mullidos cual almohada. Su vestido delataba empleados domésticos, incluso antes de que mencionase a su padre médico. Sarah había comprobado su historia para esta doblemente segura de que no estaba casada. A las mujeres casadas no les permitía depositar fondos en su banco por una simple razón: venían con maridos suspicaces.

Edith le devolvió la sonrisa.

—Ya lo estoy. Ojalá tuviese más para invertir.

—Solo le pido que recuerde lo siguiente: Muy pocas son las que pueden invertir en *Ladies Deposit Company*. Seguirá ganando un 2% a la semana siempre y cuando guarde el secreto.

El éxito de su aventura empresarial dependía del más absoluto secretismo. Invertir demasiado en una vez por descontado resultaría en una publicidad y un escrutinio no deseados. Aunque ninguna de las mujeres estaba casada, todas tenían padres y hermanos que las controlaban.

—Por supuesto, Sra. Howe. No se lo diré a nadie —hizo una pausa—. Me preguntaba… A mi hermana Ella también le gusta ayudar a los necesitados. ¿Estaría dispuesta a hacer una excepción con ella? Es muy discreta.

Sarah dudó.

—Normalmente no lo haría, pero por usted… —suspiró—. Veré qué es lo que puedo hacer, pero ha de ser paciente.

—¡Oh, gracias, Sra. Howe! Le diré a Ella que prepare el dinero.

—No le puedo prometer nada, pero lo intentaré —Sarah dio unas palmaditas en el brazo de Edith y la condujo al recibidor—. Su generosidad se verá recompensada muy pronto. Ayudar a los más desfavorecidos es una causa muy noble.

Sarah siempre conseguía el dinero antes de dar todo el discurso. Afirmaba que el dinero iba a una organización benéfica cuáquera que financiaba pagas a los pobres. La Ladies Deposit Company prestaba supuestamente dinero al fondo cuáquero. A cambio, las depositantes recibían unos intereses muy generosos. El hecho de que les pagase inmediatamente los intereses de tres meses por adelantado siempre cerraba el trato.

Sarah olvidó mencionar que sobre todo la estarían ayudando a ella. En lugar de revelar más detalles al respecto, abrió la puerta y mostró la salida a la mujer. Detestaba prolongar aquellas conversaciones banales con aquellas mujeres aburridas. Poseían más dinero del que merecían, navegando por la vida sin privaciones. Era muy diferente a la mísera vida que ella había padecido a la edad de estas.

Sin embargo, sí que le gustaba que se estuviesen absortas en cada palabra que pronunciaba, especialmente cuando mencionaba los intereses. Un dos por ciento a la semana era suficiente para atraer la atención de cualquiera. En lugar de preocuparse por entregar su dinero, el foco de atención cambiaba al hecho de ganar el mismo rendimiento con el resto de su dinero. Edith Clark solo fue una de las muchas mujeres en dejarse llevar por la codicia.

Sarah siempre insistía en comenzar con un depósito pequeño. La cantidad pequeña ayudaba a asegurar que el esquema no levantase sospechas. Una vez tenía su confianza, les permitía invertir más.

No sentía culpabilidad alguna al quitarles el dinero. La mayoría de las inversoras provenían de los ambientes más acaudalados o tenía buenos trabajos, como de profesoras. En cualquier casi, casi todas se casarían en unos pocos años; era dinero que se podían permitir perder.

Con ella sucedía lo contrario. Tras perder a su marido con veinti-tantos años, le había costado mucho llegar a fin de mes. Sin el bene-ficio de una educación, hizo todo lo que pudo para ganarse la vida. Su previa subsistencia a base de la clarividencia le había proporcionado ingresos estables, pero encontraba bastante cansado y deprimente escuchar infinitas historias sobre amores perdidos y problemas fami-liares. Sin embargo, la oleada de visitantes la había provisto de la semilla que germinaría en el banco de inversión de mujeres.

Aquellas mujeres nunca echarían en falta el dinero, y puesto que no podían retirarlo cuando quisiesen, no tenía que preocuparse por un pánico financiero. Sabía que ninguna de esas mujeres quería renunciar a aquellos importantes intereses.

La idea de proporcionar préstamos a mujeres pobres también les atraía. Si acaso sentían algún tipo de culpabilidad por sus afortunadas circunstancias financieras, podían excusarse con el hecho de que sus ganancias también ayudaban a los necesitados. ¿Cuánto tiempo necesitó para que continuase en marcha su plan? No mucho tiempo, por la forma en la que le entraba el dinero. En tan solo unas pocas semanas más tendría suficiente para comenzar una nueva vida en cualquier otro lugar, muy lejos de Boston.

Ese negocio era más fácil que quitarle un caramelo a un bebé. Fue su mejor idea y solo deseaba que se le hubiese ocurrido antes. Ni siquiera se había anunciado; el boca a boca lo había difundido como un fuego descontrolado por los salones y cocinas de Boston mientras las mujeres esperaban la exclusiva invitación para entregar su dinero. Un día sí y otro también, recibía miles de dólares de la mano de mujeres ansiosas por esconder sus ahorros.

Tenía mucho cuidado para asegurarse de que las mujeres cumplían los criterios. Sus estrictas reglas no solo la mantenían con solvencia, también eliminaban preguntas inoportunas sobre el dinero que no tenía intención de devolverles.

Las depositantes eran lo suficientemente inteligentes como para no decir nada a las autoridades; el simple hecho de mencionárselo a cualquiera y podrían verse expulsadas de ese esquema de inversión tan lucrativo e imposibilitadas de volver a invertir. Aquellas eran las reglas, y Sarah se aseguró de que las entendiesen. Las reglas eran necesarias para que el dinero siguiese llegando; siempre y cuando siguiese recibiendo capital, no tendría que volver a trabajar.

ARRUINADA

A pesar de sus innumerables esfuerzos, Sarah pronto atrajo la atención. En un año, había comprado una mansión de 50.000 dólares en el nº2 de East Brookling Street con 20.000 dólares en efectivo como señal. ¿Cómo podía hacer eso una mujer soltera?

Además, se ganó el sobrenombre de «Vieja Ocho Por Ciento[1]». Ser una mujer de negocios de éxito ya era un logro importante en una época en la que las mujeres no tenían ni siquiera derecho a votar y que aún se les consideraba esclavas o propiedad de los hombres. Las mujeres no solo eran consideradas seres inferiores, si no que además estaban desamparadas sin un hombre que les guiase. Definitivamente no podían controlar el dinero (al menos esa era la idea generalizada en aquella época).

No pasó mucho tiempo hasta que el sobrenombre de Howe cambió a «La Estafadora del Banco de Mujeres[2]». En una época en la que se suponía que las mujeres no eran capaces de entender operaciones financieras complejas, ¿cómo era posible que una mujer estuviese dirigiendo un banco?

Aquello no importaba a las solteronas y maestras que acudían en manada a depositar su dinero con Howe. Estaban simplemente contentas por entregar su dinero para una inversión que les proporcionaría un ocho por ciento de beneficio al mes. Aquello prácticamente doblaba su inversión en un año. Como solo se accedía con referencias, aquello lo dotaba de un aire de exclusividad. Pronto, 1.200 mujeres habían depositado más de 500.000 dólares.

Una condición para invertir era mantenerlo en secreto, algo que efectivamente mantuvo su esquema bajo el radar de las autoridades. De todas formas, al final se difundió que la banquera era una antigua clarividente. Su antiguo trabajo le permitió posiblemente detectar víctimas con facilidad. Antes de eso, se había hecho pasar por médico, a pesar de no poseer cualificación alguna.

El *Ladies Deposit* tenía una característica particularmente innovadora. Sus depositantes solo podían sacar los intereses de los fondos depositados; aquello evitaba una oleada de amortizaciones y permitía a Howe conservar la mayor parte del efectivo para ella sin ningún tipo de preguntas.

¿Qué mujer no querría probar suerte invirtiendo? Esconder un poco de dinero era una idea que atraía a las víctimas de Howe. Era un primer ejemplo estadounidense de estafa por afinidad.

Las estafas por afinidad tienen como objetivo un grupo que posee similitudes con el estafador jugando con los vínculos en común entre ambas partes. El denominador común puede ser la religión, la etnia o, en este caso, el género. Sentimos un vínculo implícito con las personas que son similares a nosotros. En el caso de Howe, tuvo una especial eficacia, puesto que en la década de 1880, las mujeres estaban marginadas y tenían pocas o ninguna alternativa de inversión. En cierto modo, Howe había monopolizado el mercado. Mientras que las cantidades estafadas a cada mujer eran pequeñas de forma independiente, su clientela era exclusiva y prácticamente infinita.

El primer indicio de problemas tuvo lugar en 1880, menos de un año después de que iniciase el fondo. Comenzó una "estampida" bancaria cuando se difundió el rumor de que el *Ladies Deposit* era una estafa. El *Boston Daily Advertiser* la expuso; afirmaban que su esquema no poseía método alguno para ganar beneficios, y no tenía fundamento para pagar los intereses. Las inversoras pidieron que se les devolviera su dinero.

Para probar que se equivocaban, Howe pagó todo lo que se le demandaba, llegando a acumular en total 150.000 dólares en concepto de intereses y sobre unos 90.000 dólares como capital inversor; sin embargo, ya era demasiado tarde. Poco después, no pudo hacer frente al pago de los intereses al vencimiento del plazo, y el *Ladies Deposit* se volvió insolvente, con lo que estafó casi 300.000 dólares a más de 800 inversores.

La acusaron de cuatro delitos por estafa y estuvo tres años en prisión.

Aunque el delito de Howe pareció reforzar la teoría de que las mujeres eran incapaces de administrar sus asuntos financieros, al parecer Howe demostró al final que todos se equivocaban.

Poco después de su puesta en libertad, comenzó una estafa similar, esta vez prometiendo un 7% al mes. Una vez descubierta, se las arregló para fugarse con 50.000 dólares y nunca más se supo de ella.

WILLIAM MILLER, TAMBIÉN CONOCIDO COMO BILL «520 PORCIENTO» MILLER

Particulares del esquema Ponzi

Bill «520 Porciento» Miller

Tema

The Franklin Syndicate, contratación en la bolsa con información privilegiada

Estafa

1 millón de dólares

Beneficio prometido

10% por semana

Inversores estafados

Miles

Fecha en la que se descubrió

1899

Dónde

Brooklyn, New York

Condena

10 años, indultado a los 5

EL FRANKLIN SYNDICATE, BROOKLYN, NUEVA YORK, 1899

A Bill Miller le dio un escalofrío y se abrochó el primer botón de su abrigo. Era primera hora de la tarde del viernes 24 de noviembre de 1899. Caminaba a paso ligero; se dirigía a la oficina de su abogado en Manhattan tras una mañana agitada en su despacho de Brooklyn. El sol se escabullía entre las nubes mientras que el frío viento alborotaba las hojas a sus pies. Pero el frío que había en el ambiente no solo era por el tiempo.

Hacía menos de dos años, ganaba un sueldo de contable de tan solo 15 dólares a la semana; ahora aquí estaba él, un empresario de veintitantos que buscaba el consejo de un abogado sobre un capital de millones de dólares.

On the Promenade, Brooklyn Bridge, New York.
Copyright 1899 by Strohmeyer & Wyman.

Courtesy Library of Congress

ANTES DE FUNDAR el *Franklin Syndicate* dos años antes, nunca se podría haber imaginado verse en tales circunstancias, ni había siquiera considerado un problema tan grande como al que tenía que hacer frente en ese momento. Su repentina y enorme fortuna yacía ahora en la cúspide de una ruina igualmente abrupta. Al igual que había cambiado el tiempo, así lo hizo el entusiasmo de los inversores. El aire estaba frío, y era demasiado tarde como para acallar los crecientes rumores y dudas que se propagaban por la ciudad.

El revés que había sufrido su fortuna había comenzado a las once de aquella misma mañana con una simple petición de pago. Durante semanas, habían circulado historias acerca de que el *Franklin Syndicate* era «inestable» y que el 10% de intereses semanal era demasiado bueno para ser cierto.

La premisa que seguía el *Franklin Syndicate* era simple: Miller anunció que tenía a alguien con «información privilegiada» en Wall Street, una forma de conseguir beneficios que nadie podía. La mayoría de la gente se tragó su promesa de beneficios desorbitados. Ninguno de los inversores dudó de la gallina de los huevos de oro (al hacerlo quedaron como idiotas).

Las masas rápidamente ridiculizaron a los detractores. Ni siquiera los artículos negativos en prensa lograron disuadir a los inversores. En su lugar, su confianza aumentó cuando recibieron su 10% de «dividendos». La mayoría reinvirtió las ganancias. Aquel día, unos pocas personas de las dos mil que habían invertido con él permanecieron fuera de las oficinas del *Franklin Syndicate*, en el 144 de Floyd Street, listos para retirar sus fondos. El estado de ánimo optimista de la multitud permaneció inamovible por los detractores. La mayoría de los inversores aguardaban pacientemente para depositar más, a menudo todo lo que tenían.

Muchos de los inversores vivían y trabajaban cerca de la oficina de *Franklin Syndicate* en el distrito alemán de Brooklyn. Invirtieron después de haber constatado de primera mano las ganancias de sus vecinos y amigos. Pronto llegaron inversores desde más lejos, como Manhattan y sus alrededores. Algunos de los inversores llegaron desde lugares tan lejanos como California, mientras que los anuncios de Miller atraían más inversores.

No obstante, el final del esquema solo era una cuestión de tiempo, lo sentía en los huesos. Si quería pagar a las multitudes de nuevos inversores tenía que o bien conseguir más efectivo, o bien atrasar los pagos.

El ánimo de la multitud se ensombreció una hora después de abrir, cuando un hombre le pidió que le pagase su inversión de forma inmediata. Miller se negó, pero no pudo silenciar las protestas del iracundo inversor. Un humor sombrío empapó el anterior optimismo de la multitud, conforme cada vez más gente prestaba atención a las acusaciones de aquel hombre.

Miller había establecido que cualquier retiro de efectivo se notificase con una semana de antelación, a pesar del hecho de que solo los pagarés más recientes requerían de dicho período de notificación. Los primeros pagarés especificaban que se amortizarían de forma inmediata, y aquel hombre presentó uno de esos pagarés. Cuando Miller le extendió un trozo de papel con valor de acciones, la multitud se inquietó. Otros exigieron también que se les pagase. Aunque solo sumaban unas cien personas de las miles que habían invertido, supuso un gran revés, casi tanto como un «pánico bancario».

No obstante, no tenía suficiente dinero, al menos no en las oficinas. Todos los fondos depositados hasta la fecha los tenía su abogado, Robert A. Ammon. Los recibos de aquel día habían sido de al menos 15.000 dólares, de los cuales había indicado a su hermano que ocultase 8.500 bajo el sofá del piso de al lado, el de su empleada, la Srta. Anna Gorley.

No podía devolver el dinero incluso aunque quisiera. No había un beneficio del 10% a la semana, no había «información provilegiada» en el mercado de valores que generase semejantes beneficios. Y los bancos le habían negado más dinero; sospechaban de su diez porciento de beneficios.

REVÉS A SU FORTUNA

Aunque Miller no había esperado que su buena fortuna durase, tampoco se había imaginado nunca que durase tan poco. En menos de solo dos años, el *Franklin Syndicate* se había hecho tan exitoso que había contratado personal y había expandido su oficina de Brooklyn de una simple habitación en el nº 144 de Floyd Street a un piso superior entero.

Su montaña de riqueza comenzó a tambalearse cuando corrió la voz por la ciudad sobre su nueva política de amortización. Más temprano aquella tarde, el Broadway Bank de Nueva York cerró su cuenta, alegando que un diez porciento de beneficios era imposible. El Hide and Leather Bank le siguió, pues sospechaban por el hecho de que le pagasen sus dividendos en efectivo, no por un cheque. Sin cheques, no había forma de rastrear o conciliar los pagos a cada inversor.

Otros bancos también estaban recelosos, y fue incapaz de encontrar uno que le prestase dinero. Sin el capital necesario, el *Franklin Syndicate* no duró ni un día más. La mayoría de las cientos de personas de personas que habían hecho cola frente a su oficina aquella mañana para depositar dinero, ahora querían cobrar, gracias a las desfavorables críticas de los bancos.

Miller no podía rebatir aquellas conclusiones, pues se estaba quedando con una generosa porción del capital. Aquellos problemas insalvables le llevaron entonces a la oficina de Robert A. Ammon, antes de que su firma en lo relativo al traspaso de fondos hubiese tenido siquiera tiempo de secarse. Su abogado conservó los fondos y le prometió que todo se resolvería.

Entregar lo que quedaba del dinero a Ammon para que quedase sujeto a un fideicomiso podía hacer que los detectives dejasen de perseguirle. Se las había arreglado para evadirles durante un par de días, pero no podía ocultarse de las autoridades toda la vida. Habían apostado guardias frente a sus oficinas, su residencia y todos los lugares entre ambos sitios.

El plan de Miller y Ammon era simple: Miller abandonaría la ciudad y Ammon entregaría el traspaso para que las autoridades pudiesen liquidar el *Franklin Syndicate*. Sin embargo, antes de hacer aquello, ambos habían ocultado una considerable suma para después. Repartirían el dinero, una vez pasase todo el escándalo.

Miller toqueteaba el billete de tren en su bolsillo mientras salía hacia la calle y abría la puerta de la oficina de Ammon. Un billete solo de ida a Montreal, para aquella misma noche. Aquello le daba el fin de semana de ventaja antes de que las oficinas del *Franklin Syndicate* reabrieran el lunes, y que Ammon entregase el traspaso de bienes a la policía.

REPERCUSIÓN

A Miller lo atraparon unos pocos días después en Montreal. Fue deportado a la espera de juicio, y el 30 de abril de 1900 lo condenaron a diez años de prisión en Sing Sing.

Su historia no acaba con su arresto y encarcelamiento. Como un verdadero estafador, tenía un as más bajo la manga.

Mientras que estuvo en prisión, Miller había contraído tuberculosis, o tisis, como se conocía antiguamente. Con siete años que le quedaban aún en prisión y la posibilidad de morir antes de salir, reconsideró el tema del dinero que había dejado a Ammon, su abogado. ¿Por qué debería su abogado que vivir impune con todo ese dinero?

¿Lo había defendido Ammon realmente, o puso poco empeño en la tarea? Miller se percató entonces de que Ammon tenía un conflicto de intereses. Hacer de Miller un chivo expiatorio le otorgaría a Ammon carta blanca para hacer lo que desease (y gastarse el dinero).

Ammon, además, no había proveído a la familia de Miller de los pagos que habían acordado cuando ocultaron 240.000 dólares del dinero de los inversores. Miller tenía serios reparos acerca de las propiedades inmobiliarias que la Sra. Ammon había realizado por la ciudad. ¿Acaso estaba Ammon desviando su dinero para financiar bienes raíces bajo el nombre de su esposa?

En mayo de 1903, decidió exponer a sus dos socios en la estafa, Ammon y Edward Schlessinger. Schlessinger era un agente de negocios que dirigía a los inversores hacia el *Franklin Syndicate* a cambio de una parte de los beneficios.

Después de que Miller comenzase a cantar como un canario, Ammon fue condenado y se reunió con Miller en Sing Sing, pero Schlessinger se las arregló para huir a Europa con 150.000 dólares, suficiente para vivir cómodamente el resto de su vida.

Miller no llegó a cumplir la sentencia al completo. Tras cinco años, obtuvo con éxito el indulto. En cuanto fue puesto en libertad, abrió una tienda en Long Island y pronto consiguió otro sobrenombre: Bill el Honesto[3].

CUENTA ATRÁS DE LAS ESTAFAS

PONZI #10—PAUL BURKS

Particulares de la estafa Ponzi
Paul Burks

Tema
ZeekRewards, una página web de subastas por centavo
Estafa
600 millones de dólares
Beneficio prometido
1.5% al día
Inversores estafados
Más de un millón
Fecha en la que se descubrió
2012
Dónde
Lexington, Carolina del Norte
Condena
Ninguna hasta la fecha

ZEEKREWARDS, LEXINGTON, CAROLINA DEL NORTE— AGOSTO DE 2012

PAUL BURKS SE COLÓ EN SU OFICINA Y CERRÓ LA PUERTA sigilosamente, exhausto. Durante todo el día, se pasó por su oficina de Center Street un flujo contante de inversores. El tráfico constante y los golpetazos en la puerta de la entrada le dieron dolor de cabeza; eran ya una constante en aquellos días. Normalmente el dolor de cabeza merecía la pena, dado que el elevado número de visitantes era una buena noticia.

Sin embargo, cuando la puerta de cerró esta vez, era una entrega del servicio postal de los Estados Unidos. Como regla general, el cartero traía grandes lotes de correo atado con cinta elástica. Pero últimamente, Burks había percibido que algo había cambiado. Había menos sobres, y aquellos que recibía era más probable que convirtiesen peticiones de amortización en lugar de cheques para invertir.

Menos depósitos implicaban menos efectivos para pagar las cada vez más peticiones de amortización. Se inclinó hacia atrás en su silla y entrelazó las manos por detrás de su cabeza.

Necesitaba una buena razón para postergar los pagos sin levantar sospechas. Era un reto, dado que la mayoría de gente en Lexington, Carolina del Norte, invertía, y las noticias sobre cualquier retraso en los pagos se propagaba como la pólvora.

La mayoría de los dieciocho mil ciudadanos de aquella aletargada ciudad habían invertido en ZeekRewards, conocían a alguien que o hubiese hecho, o querían invertir. La gente aguardaba para abordarle siempre que salía de su oficina, tanto si se dirigía al *Village Grill* a comer como si iba a casa. Era imposible hablar con todos ellos. Los evitaba en la medida de lo posible, insistiendo a cada individuo que contactase directamente con la oficina. Se había vuelto incluso más evasivo ahora que cada vez más gente le pedía que le devolviese el dinero.

No podía ni siquiera ir a hacer la compra sin ser obtejo de miradas hostiles del cajero o de los compradores en la cola para la caja, nada que ver con atención aduladora que había recibido tan solo unos meses atrás.

ZeekRewards había crecido más de lo que jamás hubo soñado. Ahora era demasiado grande, y ya no había suficiente capital para que siguiese en marcha. Lo había hecho lo mejor que pudo. ¿Acaso era culpa suya que la gente cometiese semejante disparate, implorando entrar en el negocio?

No, no lo era.

A ellos es a los únicos que se había de culpar. Él había establecido un límite de 10.000 dólares, pero aún así la gente invirtió más, a menudo bajo el nombre de un amigo o pariente. Lo habían hecho por su cuenta, y él no había hecho ningún esfuerzo por detenerles.

Su norma en realidad era bastante efectiva. En lugar de limitar la cantidad, había logrado exactamente el efecto contrario. La gente se abalanzaba para invertir, preocupada por el hecho de que solo un número limitado de personas pudiera entrar en el negocio, especialmente desde que la cantidad de dinero a invertir se fijase. Que el boca a boca se extendiese rápidamente era esencial si se quería que funcionase. ¿Quién no querría ganar un 1,5% al día por unos pocos minutos de trabajo?

No, en lo que a el respectaba, cualquier problema que tuvieran era culpa de ellos. No deberían haber invertido fondos que no se podían permitir perder. Aunque se sentía mal por ellos, ¿qué podía hacer él? Quizás aquello les enseñase una lección sobre invertir por encima de sus posibilidades.

EL ESQUEMA

Zeekler.com comenzó en 2010 como una página de inversión por centavos. Los postores podían ganar objetos a precios ridículamente bajos, pero tenía trampa. Mientras que los postores podían pujar (y ganar) a veces por un iPad o un ordenador al 90% de su precio de venta, tenían que pagar por cada una de sus pujas.

Los clientes compraron un paquete de pujas cuando se registran por primera vez, y las usaban para pujar por objetos. Los objetos a pujar se añadían rápidamente; estaban diseñados para ser demasiado buenos para ser cierto a propósito, para atraer al máximo número de postores. Casi todos los objetos requerían múltiples pujas por parte de cada postor, y era muy fácil que los alcanzasen en la subasta. Los dólares se añadían muy rápidamente antes de que un postor se diese cuenta.

Los postores también compraban pujas para utilizarlas más tarde. Como las pujas se habían comprado con anterioridad, era fácil olvidar a cuánto dinero equivalían aquellas pujas. Una vez que se hacía una puja inicial, los inversores ya se sentían involucrados a causa del importe tan bajo. Era una estratagema psicológica para animar a la gente a realizar pujas adicionales y así permanecer en el juego.

El objeto subastado era más que un anzuelo. Aunque solo podía haber un ganador, las múltiples pujas por parte de cada postor hacían una suma considerable. La página de subastas por centavo no ganaba dinero por cada objeto que vendía, sino por la venta de las pujas. El resultado final fue que los beneficios por las pujas superaban por mucho cualquier beneficio obtenido por la venta del objeto en sí, el cual a veces se vendía por debajo de su valor.

A excepción de los ganadores, todos aquellos que invertían dinero en pujas que no ganaban el objeto en cuestión perdían el dinero para siempre una vez que acababa la subasta. A no ser que la apuesta ganadora fuese suya, se iban con las manos vacías; no conseguían un iPad nuevo, tan solo menos dinero, o pujas compradas con antelación, en sus cuentas.

¿Y si fuera el afortunado ganador? La fórmula era tan complicada que era difícil determinar lo que se había pagado en realidad por el objeto ganado. ¿Era el dinero de la puja o más? ¿Cuántas veces ha pujado más alto que otra persona? El iPad no solo le ha costado lo que ha pujado, sino también el costo de las múltiples pujas que ha comprado para optar a conseguirlo. Era caro, y tan adictivo como apostar. Que le alcanzasen en las pujas implicaba que podía gastar más en pujas de lo que en realidad costaba el objeto, a pesar de que aún podía perderlo.

Burks no se detuvo solo en la idea de la inversión. Ofreció otro trato: la gente podría invertir en la página de subasta por centavo y obtener una parte de los beneficios. Los inversores de la página web acabaron siendo los mayores perdedores de todos.

ZeekRewards era la parte de inversión del esquema. Para una inversión superior a 10.000 dólares en ZeekRewards, Burks prometió a los inversores una parte de los beneficios diarios de la página de subasta por centavo Zeekler.com. Algunos hasta hipotecaron sus viviendas o tomaron prestados fondos para tener derecho a un 50% de los beneficios diarios de la página. Aquellos «beneficios» se pagaban con «puntos de beneficio», en lugar de con dinero real. El cálculo de los «puntos de beneficio» era una fórmula complicada, normalmente cerca de un 1,5% de beneficios para el inversor.

Todo lo que tenía que hacer un inversor para ganar puntos era promocionar ZeekRewards en otras páginas web y reclutar a otros. En menos de dos años, el número de inversores sobrepasó el millón de personas.

Al principio, Burks permitió a los inversores canjear los puntos por dinero en efectivo. Sin embargo, conforme la cantidad que se debía a los inversores aumentaba, se percató de que el volumen de las amortizaciones podrían tener un impacto significativo en su flujo de capital. Cambió las normas, y exigió a los inversores que avisasen con antelación cuando deseasen canjear los puntos.

La fórmula complicada y la notificación por adelantado era dos características importantes; evitaba amortizaciones espontáneas y permitía a Burks cubrir sus huellas para así perpetuar el esquema.

Muchos de los inversores de Burks eran fanáticos; creían que era un «genio». Creían fervorosamente que les había transformado sus vidas, al menos hasta que ZeekRewards se desplomó. ZeekRewards funcionaba de forma similar a las estrategias de venta a varios niveles, solo que sin el trabajo que conllevaba reclutar a más gente. En su lugar, simplemente había que hacer un anuncio y dejar que la gente se uniese por su propia cuenta.

Antes de ZeekRewards, Burks había trabajado en marketing a varios niveles durante la mayoría de su trayectoria profesional. Antes de eso, había empezado varias empresas, pero ninguna llegó a buen puerto después de que no cumpliesen los requisitos del gobierno estatal.

Burks también se había presentado como candidato a la Cámara de los Representantes como miembro del Partido Libertario, declarando de forma irónica durante su campaña que como Libertario, su cruzada sería la de «reducir la influencia del gobierno en todos los lugares posibles». Sin duda, en su visión incluyó al Fiscal General de Carolina del Norte y a la Comisión de Bolsas de Valores.

No solo fracasó en ser elegido para el puesto, sino que quedó en el último puesto con tan sólo unos cientos de votos.

En años pasados, había demostrado sus habilidades manuales, irónicamente, como mago cuando visitaba residencias de ancianos.

SEÑALES DE ALARMA

Los indicios sobre el inminente final llegaron el viernes 17 de agosto de 2012. La oficina de Lexington de Burks cerró y la página web de ZeekRewards se cayó. Fue un mal presagio. Más tarde aquel día, la Comisión de Bolsas de Valores cerró finalmente ZeekRewards.

Tras años de quejas y acusaciones, la Comisión de Bolsas de Valores finalmente interpuso una demanda contra ZeekRewards, en la que se alegaba que Burks tomó 600 millones de dólares de más de un millón de inversores ofreciéndoles y vendiéndoles títulos que no se cotizaban en bolsa en forma de esquema Ponzi.

Burks sostuvo que más que vender títulos que no se cotizaban, lo que ZeekRewards vendía era suscripciones de comercio electrónico. Pedía a los inversores que firmasen una declaración por medio de la cual se establecía que «no estaban comprando acciones ni ninguna forma de inversión» para ser miembros. No obstante, cualquier otra comunicación implica otra cosa. Se pueden encontrar muchos videos en YouTube sobre Zeekler y Paul Burks en los que se promocionaban los fantásticos beneficios.

Aumentaron las quejas y las preguntas sobre la legitimidad de la operación. La *Winston-Salem Better Business Bureau* respondió a casi 30.000 llamadas de Zeeks en los días que seguían a las acciones legales emprendidas por la Comisión de Bolsas de Valores, más que cualquier otra empresa en la historia.

La oficina del Fiscal General de Carolina del Norte había recibido quejas, pero las remitió a la oficina del Secretario de Estado porque la empresa parecía estar relacionada con títulos. La confusión en lo que a la jurisdicción respectaba permitió a Zeeks operar durante más tiempo del que debía.

Finalmente, en agosto de 2012, el tribunal de Carolina del Norte obligó a ZeekRewards a convocar el concurso de acreedores. Dado que había más de un millón de inversores, los esfuerzos para recuperarse serían a largo plazo y llevarían mucho tiempo. Los «ganadores» netos verán que sus rendimientos se deberán redistribuir entre aquellos que no recibiesen ningún tipo de «beneficio». Como sucede con todos los esquemas Ponzi, se deben desenredar todas las transacciones de modo que se pueda calcular de forma proporcionada los montantes que se deben a cada inversor.

Hasta la fecha, no se han presentado cargos penales, y Burks pagó una multa de cuatro millones de dólares a la Comisión de Bolsas de Valores sin declaración de culpabilidad alguna. Se libró fácilmente: esos cuatro millones era la cantidad de dinero que aún estaba en su posesión.

Aunque el esquema de Burks no era el de más envergadura en términos pecuniarios, por descontado que fue el mayor en Estados Unidos en cuanto a número de inversores. Más de un millón de personas fueron embaucadas con la idea de que podrían valerse de su inversión de 10.000 dólares para convertirla en una fortuna gracias al 10% de intereses semanales prometido.

Si los inversores hubiesen hecho sus deberes, se habrían percatado de que no solo era imposible pagar ese tipo de rendimiento, sino que además desafiaba toda lógica. Si el negocio de subastas era realmente tan lucrativo, Burks habría tenido una innumerable cantidad de opciones de financiación alternativas donde elegir. No se habría visto obligado a obtener efectivos de millones de pequeños inversores; cualquier banco habría saltado a la primera oportunidad para prestar capital a un beneficio mucho más bajo de un 1,5% diario. Por supuesto, Banks habría insistido en unos pocos detalles sin importancia como estados financieros auditados. Las matemáticas básicas y el sentido común proporcionaban la respuesta, si alguien se hubiese molestado en informarse.

En lugar de eso, la gente estaba motivada por la codicia. Se apresuraron para hacerse un hueco en algo seguro sin comprobar los hechos. Lo que sucedió fue sencillamente que no querían quedarse fuera.

Hubo señales muy tempranas que indicaban que algo no iba correctamente. En mayo de 2012, durante el fin de semana del Día de los Caídos en Estados Unidos, ZeekRewards anunció que cualquiera que poseyese cheques debía cobrarlos inmediatamente, pues la compañía estaba cambiando de banco. Cualquier cheque pendiente de cobro tendría que volver a ser emitido.

El momento en el que se realizó el comunicado era bastante interesante, dado que era fiesta en Estados Unidos. La prensa publicada en fin de semana es mucho menos probable que reciba el escrutinio de las agencias de noticias y de los reguladores. Es por esta razón que las empresas y los gobiernos a menudo establecen la fecha de publicación de malas noticias en fin de semana, con la esperanza de que la información pase desapercibida entre otras noticias. Como mínimo, cualquier noticia publicada en fin de semana ya se habrá diseminado y digerido para cuando llegue el lunes. ¿Acaso trataba Zeeks de pasar esa información bajo el radar?

El anuncio de ZeekRewards afirmaba que sus dos bancos actuales, el New Bridge Bank y el BB&T, no podían hacer frente a sus necesidades. Dicho anuncio era bastante parco en cuanto a las razones por las que aquellas enormes y establecidas instituciones no eran adecuadas. ¿Podía deberse a que la Corporación Federal de Seguros de Depósitos estaban haciendo preguntas, o que debían revelar las transacciones si así se pidiese? Si aquellos bancos no podían hacer frente a los negocios lucrativos que Zeeks pretendían llevar a cabo, ¿quién podría?

Zeeks advirtió de que todas las transacciones habían de realizarse antes del 1 de junio de 2012. La gente tenía menos de una semana no solo para depositar los cheques, sino también para que se los hicieran efectivos. Las empresas, como norma general, no cierran sus cuentas hasta que se hayan realizado todas las transacciones. Normalmente, la transición de una cuenta a otra se realiza lentamente, y solo se cierra la cuenta original una vez que todas las transacciones se hayan hecho efectivas. No hay necesidad de notificárselo a la gente. Aquella urgencia era otra señal de que estaba sucediendo algo.

Una tercera bandera roja eran las nuevas operaciones financieras. No se realizaban a través de un banco físico. En su lugar, se dirigía a los inversores para que enviasen sus pagos a proveedores de pagos en el extranjero, como AlertPay y SolidTrustPay. Dichos proveedores de pagos permiten que las empresas sean menos transparentes y hacen que los activos sean potencialmente más difíciles de rastrear.

¿Habían dado estos pasos para escapar del escrutinio, o quizás para prevenir que las autoridades estadounidenses interceptasen los activos? Creo que sabemos la respuesta.

REPERCUSIÓN

Ken Bell, el síndico asignado por el tribunal, aún esta determinando la distribución final a los inversores. Nadie sabe exactamente cuanto dinero tomo Burks, o el número exacto de inversores (los estafadores Ponzi son unos contables nefastos). Con un millón o quizás dos millones de inversores, muchos de los cuales habían recibido pagos, el simple volumen de transacciones hacían que el dinero fuese muy difícil de rastrear. A diferencia de esto, el esquema de Madoff era mucho más grande pero solo comprendía unos miles de inversores.

La estrategia de Burks de pequeñas cantidades con muchos inversores implicaba que atraía principalmente a inversores no sofisticados que era menos probable que analizasen los detalles. Las pequeñas cantidades a invertir también aseguraban que no saldría rentable a ningún inversor interponer una demanda de forma individual.

Si los inversores eran extremadamente afortunados, podrían recibir de vuelta la mitad del capital invertido. Desde el verano de 2013, la liquidación y distribución del dinero aún estaba en curso.

www.zeekler.com ya no existe, y se desconoce cómo pasa Paul Burks sus días en la actualidad.

PONZI #9—MARC DREIER

Particulares de la estafa Ponzi
Marc Dreier
Tema
Dreier LLP, pagarés a corto plazo
Estafa
750 millones de dólares estadounidenses
Beneficio prometido
Hasta un 11,5%
Inversores estafados
Más de 800
Fecha en la que se descubrió
2008
Dónde
Nueva York
Condena
150 años

STAMFORD, CONNECTICUT—OCTUBRE DE 2008

MARC DREIER Y SU COMPINCHE, KOSTA KOVACHEV, SE SENTARON frente a dos administradores de fondos de cobertura en la sala de conferencias de paredes de cristal del Solow Realty. Si todo iba bien, podrían apaciguar a los inversores y posponer las exigencias de pago inmediato de los pagarés que ya habían vencido. Aunque estos ya hubiesen vencido, Dreier sabía que Solow Realty no iba a devolver ese dinero a corto plazo.

La administración de Solow ni siquiera sabía que los pagarés existían. Dreier había hecho pasar los pagarés falsos como si hubiesen sido emitidos por Solow Realty. Incluso había proporcionado una copia manipulada del estado financiero auditado de Solow Realty como respaldo para los préstamos.

Los pagarés de Solow Realty los habían falsificado, una elaborada estratagema diseñada exclusivamente para enriquecer a Dreier. Los promociono y los vendió en un primer momento a fondos de cobertura, a quienes se podía seducir fácilmente por el alto rendimiento ofrecido. Conoció inversores en las oficinas de Solow, haciéndose pasar por el director ejecutivo de la empresa. Era entonces cuando facilitaba los pagarés a cambio de efectivo a los inversores.

Estaba convencido de que podría salir airoso, siempre y cuando la administración de Solow no descubriese que sus intenciones no eran lícitas. Dreier, abogado, ofrecía sus servicios a Solow y era un visitante asiduo de la oficina. Al ver en él una cara familiar, el recepcionista se limitaba a saludarle cuando llegaba con sus invitados.

Los negocios que se llevaron a cabo hasta la fecha habían sido en su totalidad por correo electrónico o por teléfono, algo que estaba muy bien para haber obtenido un capital valorado en casi 200 millones de dólares. Los pagarés habían vencido, y Dreier había intentado en vano convencer a los fondos de cobertura para que extendiese el vencimiento durante otro trimestre. Aún peor, el fondo de cobertura había exigido una reunión en persona por primera vez, y en las oficinas de Solow, ni más ni menos.

De modo que ahí estaban, en una estafa de primer orden. Dreier fingió ser el director ejecutivo de Solow, Steven Cherniak, mientras que Kovachev se presentó como el director financiero de Solow. Era un intento desesperado por evitar que los detuviesen.

Dreier respiró hondo mientras que los otros hombres sacaban documentos de sus portafolios. Siempre y cuando tanto él como Kovachev se ciñesen al guion ensayado aquella mañana, podrían seguir adelante con la estratagema y postergar el fondo de cobertura. No había tiempo que perder; cada minuto en las oficinas de Solow aumentaba el riesgo a ser descubierto.

Se quedó congelado a mitad de frase cuando Sheldon Solow, el fundador de Solow Realty, pasó caminando junto a la sala de conferencias. Solow redujo el paso y observó a través de la pared de cristal a Dreier, desconcertado.

Dreier soltó de repente una gran sonrisa y alzó el dedo pulgar como diciendo que se reuniría con él en unos minutos. Su corazón se detuvo. ¿Y si Solow decidía entrar en la sala de conferencias? El administrador del fondo de cobertura descubriría el esquema, y descubriría exactamente además por qué no se habían pagado aún los pagarés. Afortunadamente, Solow se limitó a devolver el saludo y prosiguió con su marcha hacia el recibidor.

Genial, pensó Dreier. Le invadió una sensación de euforia al percatarse de que estaba a punto de irse de rositas con su temerario esquema. Solow no tenía ni idea acerca de lo que estaba sucediendo ante sus narices. Los días del multimillonario magnate inmobiliario siempre estaban repletos de reunión tras reunión, así que era muy poco probable que se acordase de buscar a Dreier aquel día. Aquello dio a Dreier mucho tiempo para inventarse una excusa por estar con unos extraños en la sala de conferencias de Solow. Haría mención a una reunión con el director ejecutivo Cherniak, y haría pasar a los otros por unos de los doscientos cincuenta abogados de Dreier LLP.

Su objetivo más inmediato era aplacar a los dos tipos que se encontraban frente a él y salir de las oficinas antes de que regresase Solow. No había forma posible de que hiciese aparecer los millones que necesitaba para amortizar los pagarés. En su lugar, se centró en conseguir que el fondo de cobertura convirtiese aquellos pagarés en otros con un nuevo tipo de interés mayor. Una promesa de beneficios más altos solucionaría todos los problemas a los que se tenían que enfrentar de forma inmediata. Les contó el cuento más convincente que se había inventado hasta la fecha.

LA PERDICIÓN DE DREIER

Aquel día, Dreier se las arregló para salirse con la suya con aquella pantomima en la sala de reuniones de Solow, al menos al principio. Todo estaba bien hasta que comenzó a sospechar otro fondo de cobertura. La empresa contactó directamente con Solow Realty; Dreier al final se vio expuesto.

Mientras tanto, Dreier continuó con sus suplantaciones. La siguiente vez que intentó el mismo truco fue en Toronto, Canadá, en las oficinas de Ontario Teachers' Pension Plan, donde fingió ser un abogado de la empresa frente a otro fondo de cobertura. En aquella ocasión, su osado plan fracasó, y fue arrestado.

Durante su estancia en prisión, el director financiero de Dreier LLP descubrió que faltaban fondos en la cuenta de garantía bloqueada de 360 Networks, que se encontraba en quiebra. A Dreier lo arrestaron cuando regresó a los Estados Unidos y la Comisión de Bolsas de Valores interpuso cargos contra él en un proceso civil. Su racha de suerte había llegado a su fin.

Hubo una gran cantidad de indicadores de que algo iba mal en este esquema; sin embargo, nadie se preocupó por reconocer el problema que se ocultaba a simple vista. La codicia a menudo ciega a las personas; todo el mundo que se situaba en la órbita de Dreier se beneficiaba de ese fraude. Los abogados ganaron generosos honorarios, los fondos de cobertura y los clientes famosos recibieron beneficios desmesurados, y las organizaciones benéficas de Dreier se beneficiaban de sus grandes donaciones.

Aunque del 8% al 12% de los beneficios no eran tan estratosféricos como otros esquemas Ponzi, Dreier sabía que tenía que guardarse de ser demasiado obvio. Mantenía relaciones comerciales con sofisticados profesionales de la inversión, de modo que evitaba levantar sospechas ofreciendo los beneficios más altos posibles. Eran lo suficientemente bajos para evitar que hiciesen preguntas y lo suficientemente altos como para hacerlos más atractivos que otras alternativas para los múltiples fondos de cobertura que buscaban un rendimiento decente.

Dreier LLP pagaba generosos salarios a los cientos de abogados que tenía en plantilla y las oficinas eran igual de opulentas. Las paredes del 499 de *Park Place* parecían más una galería de arte que un despacho de abogados, decoradas con costosas obras de arte originales, como obras de Picasso. Todo lo que tenía que ver con aquel lugar era impresionante, igual que sucedía con el mismo Dreier. Tan solo unos años después de fundar la firma, adquirió lujosas residencias en los Hamptons, Manhattan y Santa Mónica, y un yate de 37 metros para sus fiestas en Nueva York y en el Caribe.

A diferencia de lo que sucede con la mayoría de las firmas de abogados, Dreier LLP no estaba estructurada en una sociedad real. Marc Dreier era el único socio. También era el único con acceso integral a las cuentas de la empresa. Controlaba todo hasta tal punto que después de que lo arrestaran, la empresa se quedó paralizada, incapaz de pagar las facturas. Irónicamente, entre las facturas que no se pagaron estaban incluidas las primas del seguro por mala praxis de Dreier LLP.

¿En qué punto se echó todo a perder? Dreier siempre había tenido un futuro prometedor. Era inteligente y ambicioso; tuvo una infancia cómoda en Long Island, y se graduó en Yale y posteriormente en la escuela de derecho de Harvard. Se asoció rápidamente, pero aquello no fue suficiente. Él quería estatus, y no se detendría hasta ser el más grande y el mejor. Aquello significaba que debía fundar su propia firma.

Sin embargo, sentía que las cosas no iban todo lo rápido que debían. Un día hizo un experimento y alteró un documento jurídico. Aquello le hizo ganar un millón de dólares, y estaba asombrado por cuán fácil era engañar.

Más tarde, en 2004, perpetró una estafa de 20 millones de dólares. Aquello también pasó desapercibido y, llegado a ese punto, Dreier nunca miró atrás. Sus estafas se elevaron hasta superar los 100 millones de dólares, y que culminaron con un plan para vender 500 millones de dólares en pagarés de Solow falsos a al menos tres fondos de cobertura diferentes.

Como Dreier comentó en el documental *Unraveled*: «Es fácil decir que nunca cruzarás la línea, pero esa línea se le presenta a muy poca gente[1]».

Según él, unos pocos se niegan a cruzar la línea como virtud fundamental, pero la mayoría de la gente no la cruza por el simple hecho de que no han tenido la oportunidad de hacerlo. En otras palabras, piensa que casi todo el mundo cometería un fraude si se viese seducido por una oportunidad lo suficientemente lucrativa. Al menos es así como los estafadores conciben la tentación; asumen que todo el mundo comparte los mismos valores (o la ausencia de ellos), y que computa la misma compensación riesgo/beneficio que ellos.

Dreier probablemente repetiría los mismos delitos si tuviese la oportunidad, a pesar de las repercusiones que ha experimentado. Sus posesiones se han subastado, a excepción de dos cuadros de gran valor que alguien retiró misteriosamente de sus oficinas. No se han conseguido recuperar, y su paradero es desconocido. A Dreier lo condenaron a veinte años de prisión por fraude relativo a valores bursátiles, utilización fraudulenta de telecomunicaciones y blanqueo de capitales. Esta previsto que salga en liberta en octubre de 2026.

EL CÓMPLICE DE DREIER

Kovachev, también alumno de Harvard, comenzó su carrera profesional, irónicamente, como abogado en la Comisión de Bolsas de Valores. En 1986, se marchó para trabajar en Morgan Stanley, donde permaneció cinco años hasta que renunció a su licencia de corredor de bolsa en 2002 tras verse implicado en un esquema Ponzi de 28 millones de dólares que vendía multipropiedades y que había defraudado a 600 inversores en 30 estados. Su abogado le consiguió un acuerdo, el cual consistía en una multa de 350.000 dólares sin admisión de culpabilidad. ¿Su abogado? Marc Dreier.

Algo fascinante en cierto modo es un perfil que descubrí en LinkedIn.com sobre un hombre que se llamaba Kosta Kovachev. El perfil de LinkedIn muestra a un hombre de mediana edad que lleva puestas unas gafas de sol con un sombrero de fieltro que le tapa la frente.

Se describe a sí mismo como un «hombre renacentista» con experiencia demostrable y que ofrece sus «talentos creativos para ayudar a cualquier y a todas las organizaciones». Hace una lista con algunas de sus especialidades, como desarrollo empresarial o recaudación de capitales. Lo que se echa en falta en su perfil es experiencia laboral. No obstante, parece haberse graduado en la Escuela de Negocios de Harvard en 1982, el mismo año que el cómplice de Dreier. El siguiente logro en su perfil es en abril de 2004, donde figura el puesto de Director gerente de Arcadia SG hasta mayo de 2009. ¿Es el mismo Kosta Kovachev? Ciertamente existen muchas similitudes. Es difícil estar seguro puesto que no figura experiencia laboral desde 1982 hasta el puesto de 2004 en Arcadia. El Korachev de LinkedIn trabajó en Arcadia hasta mayo de 2009, más o menos la misma época en la que al Korachev socio de Dreier lo acusaron por conspiración para cometer fraude bursátil y utilización fraudulenta de telecomunicaciones.

El Kosta Kovachev en el esquema Ponzi de Marc Dreier fue declarado culpable y condenado a 46 meses de prisión en marzo de 2010.

PONZI #8—NEVIN SHAPIRO

Particulares de la estafa Ponzi
Nevin Shapiro
Tema
Capitol Investment USA, Inc., desvío de comestibles
Estafa
930 millones de dólares
Beneficio prometido
10-26% anual
Inversores estafados
Más de 60
Fecha en la que se descubrió
2009
Dónde
Miami, Florida
Condena
20 años

UN DÍA CUALQUIERA, 2010

Nevin Shapiro abrió lentamente los ojos, solo para tener que enfrentarse al mismo muro de prisión, el cual formaba parte de la celda que compartía con otro compañero en la sección de baja seguridad de la Butner Federal Correction Facility, en Butner, Carolina del Norte.

La misma escena se repetía una y otra vez. Se despertaba así todas las mañanas, esperando contra todo pronóstico que todo aquello fuese un sueño. Los ronquidos de su compañero de celda y los muros apagados que le rodeaban frustraban todas sus esperanzas. La fecha para su puesta en libertad, fijada para 2017, bien podría tener lugar cien años después; aún faltaba mucho para eso.

Los días comenzaban de la misma forma por la mañana y acababan igual por las noches. Su día a día se veía interrumpido por comidas insípidas y por programas que consideraba una pérdida de tiempo. A pesar de la generosa política de visitas de Butner, no recibía ninguna.

Su vida de ahora casi le hacía creer que su antigua vida nunca había existido. Atrás quedaban su mansión costera con piscina de Miami, su yate y sus millones. Atrás quedaba su antigua vida y toda la parafernalia de riqueza y éxito.

A los que más echaba de menos era a los jugadores de los Hurricanes de la Universidad de Miami. Los jóvenes deportistas a los que había considerado sus amigos le habían dado la espalda. Le habían abandonado, a pesar de los cientos de miles que había gastado en ellos entre clubes de *striptease*, bares y restaurantes. Había organizado fiestas en hoteles de Miami para continuar en su yate, donde contaba con una tripulación a su entera disposición. Con el paso de los años, había ayudado a muchos de ellos. Pero de la noche a la mañana lo repudiaron, esos hijos de puta, después de todo lo que había hecho por ellos.

No es que llevase la cuenta, pero cuando se giraron las tornas, ¿dónde estaban ellos? ¿Acaso no podían hacer una simple visita o al menos una llamada? Él ya sabía cuál era la respuesta. Lo habían eliminado, una parte de sus vidas que preferían olvidar.

Bueno, él también sabía jugar a eso. Si no estaban dispuestos a ayudarle, él tampoco iba a ayudarles guardándoles sus secretos. Aquel puñado de desagradecidos se merecían un castigo.

Tuvieron a expensas suya todas las fiestas VIP, cuentas en bares, prostitutas y efectivo, siempre que lo pedían. Ahora que ya tenían sus millones y sus mansiones, era fácil minimizar el papel que él tuvo en todo aquello. Su temprana ayuda en sus carreras les proporcionó contactos y golpes de suerte que les permitió conseguir contratos multimillonarios y los mantuvo alejados de cualquier tipo de calentamiento de cabeza. Incluso había concertado cita para un aborto para uno de los jugadores y compró el anillo de compromiso de otro; hasta ese punto estaba presente en sus vidas.

¿Y dónde estaban ellos ahora que solo podía permitirse un aperitivo por parte del comisario? Distanciándose de sus trapos sucios. Pero si él tenía que vivir en aquel agujero infernal, ellos también compartirían algo de su suerte. Conocía todos sus secretos, y ya era hora de exponerles. Si se creían que simplemente podían abandonarlo a su suerte y dejar que se pudriera en la cárcel, estaban equivocados.

Ya les había dado bastantes oportunidades para que enmendasen sus actos. Una vez que un pajarito contase a la NCAA[1] las ventajas ilegales que había facilitado a los jugadores, otro gallo cantará. Tenía suficiente información como para escribir un libro sobre ello.

Aquellos jugadores se lo debían todo. Les abrió las puertas, los llevó ante los entrenadores, consiguió que firmasen contratos lucrativos. Sin él, no eran nadie, o casi nadie. ¿Dónde quedaba su sentido del juego limpio? ¿Acaso no tenían conciencia?

EL ESQUEMA

La vida de Nevin Shapiro había sido muy diferente apenas unos años antes, cuando se codeaba con los jugadores del Miami Heat y jugaba con los Hurricanes de la Universidad de Miami. Gastó miles de dólares por todo Miami, desde restaurantes de lujo hasta salas VIP en clubes de *striptease*. Había apostado cientos de miles en juegos de azar e incluso llegó a gastar 400.000 dólares en asientos de pista para los Miami Heat.

¿Y de dónde sacó todo ese dinero?

A la vista de ello, la empresa Capitol Investment USA, Inc. de Nevin Shapiro parecía una gran oportunidad de inversión. Los inversores proporcionaban el capital para la empresa de desvío de comestibles de Shapiro y se beneficiaban de un rendimiento anual que oscilaba ente un 10% y un 26%. El negocio creció rápidamente.

Shapiro describía Capitol como una empresa de arbitraje. El arbitraje es la práctica consistente en aprovecharse de las diferencias de precio entre dos mercados y ganar así un beneficio. Capitol compraba comestibles a un bajo precio en una parte de los Estados Unidos, para así transportarlo a una región donde el precio de dicho producto fuese más alto. Capitol afirmaba que compraba los comestibles de otros mayoristas y desviaba, o vendía, dichos bienes a otros mercados más caros.

El rendimiento era generoso, y a primera vista, el concepto parecía plausible. El beneficio anual de los mayoristas de comestibles, de media, oscila entre un 15% y un 20%. Sin embargo, los inversores que se hubiesen molestado en indagar un poco se habrían encontrado con la necesidad de formular algunas preguntas peliagudas.

Las banderas rojas más flagrantes son aquellas que tienen que ver con los mayoristas a los cuales Capitol compraba los bienes. ¿Por qué no «desviaban» las propias empresas los bienes? Los mayoristas y empresas distribuidoras suelen tener redes logísticas extensas y rentables. Si hubiera un beneficio significativo en lo que al desvío de bienes se refiere, por descontado que estas empresas habrían indagado sobre esta alternativa. Además, muchos comestibles son perecederos, lo que otorga muy poco tiempo para buscar otros compradores.

Además, Capitol tendría que obtener una ganancia muy superior a lo que pagaba a sus inversores para que la empresa siguiese siendo rentable. ¿Cómo era posible que ganase el índice de ganancias de un mayorista medio, que gira en torno a un 15% y un 20%, incluso después de pagar a los inversores el 10% al 26% para financiar las compras de inventario? Aunque no era imposible, era harto improbable. Observemos el abanico de posibilidades usando un precio final de venta de 100 dólares.

Si comenzamos desde el último paso y avanzamos hacia el principio, encontramos:

Bajo

Alto

Precio final de venta

100$

100$

Incremento en el precio de Capitol usando el margen medio de mayoristas de comestibles del 15% al 20%

15$

20$

Coste de bienes a Capitol

85$

80$

(Incluido en el coste de los bienes-interés para los inversores del 10% al 26%)

8,50$

20,80$

Precio de venta original de los mayoristas

76,50$

59,50$

Aumento del precio del primer mayorista en un 15%-20%

9,98$

12,28$

Coste del primer mayorista (asumiendo un aumento del precio de 15%-20%)

66,52$

47,22$

. . .

¿Acaso posee Capitol información secreta que le permita vender un producto de 47,22 dólares por 100 dólares? ¿Por qué el primer mayorista desconoce este secreto?

Obviamente, hay un abanico de combinaciones en cuanto al establecimiento de un precio, pero en el ejemplo que se muestra arriba, se muestra un despliegue de bajo a alto. Para hacerlo todo de forma más sencilla, he obviado otras variables como los costes de transporte, pues estos serían similares en todos los supuestos.

Ahora prestaremos atención al componente de valor añadido de Capitol en el negocio del desvío de comestibles. Lo que se limita a hacer es a reenviar productos a un nuevo destino. Capitol no modifica de ninguna manera los productos, de modo que el cliente no está adquiriendo un mejor producto.

Sin embargo, el papel que juega Capitol en la cadena de suministro añade de 23,50 dólares a 40,80 dólares adicionales al precio final, lo que representa un incremento en el precio por parte de Capitol de 15 dólares a 20 dólares, más los costes financieros que paga a sus inversores, que son de 8,50 dólares a 20,80 dólares. Ello es igual a un gran incremento al coste del mayorista original que oscila entre un 35% y un 86%. Dicho de otro modo, ese mayorista original podría conservar los productos y revenderlos él mismo por un 35% a un 86% de margen de beneficio, en lugar del 15% al 20% estándar.

¿No tendría más sentido que el primer mayorista vendiese los productos él mismo? De hecho, ¡cuentan con una razón de peso para desplazarse de sus regiones de venta habituales y abrirse a nuevos territorios y nuevos mercados!

En el caso improbable de que los mayoristas originales no revendiesen los productos ellos mismos, puedes apostar que sus competidores saldrían de sus escondites para ganas de dos a cuatro veces más los beneficios que esa industria tiene por norma.

¿Es posible que el primer mayorista vendiese el inventario a Capitol a un coste por debajo del real o por menos de los márgenes de beneficio normales? Es posible, pero poco probable. La mayoría de mayoristas de comestibles contarían en el peor de los casos con una red regional, si no una a nivel nacional. Los costes de transporte y manipulación son bastante significantes, de modo que probablemente los venderían entre su red de distribución a un mejor precio que a alguien de fuera. Si las economías de escala no funcionan para que el mayorista original pueda vender sus productos fuera de su región, por descontado que tampoco funcionará para una segunda empresa que compre bienes al mayorista original con la subida de un 15% al 20% del precio que ello implica.

Si parece demasiado bueno para ser cierto, a menudo lo es.

Basándonos en el rango de rendimientos, se puede observar que incluso si el distribuidor original vendiese los comestibles al precio más bajo posible, dicho distribuidor seguiría obteniendo un mayor beneficio de la venta de esos comestibles que si se los vendiese a Capitol. El acuerdo del intermediario de Capitol no tiene mucho sentido.

La empresa de desvío de comestibles de Shapiro desafía toda lógica cuando se estudian las cifras. Una pena que tan poca gente actuase con la diligencia debida.

Si el análisis de costes no resulta convincente, tened en cuenta los índices que ganaban los inversores. Desde 2005 a 2009, la tasa de interés preferencial de Estados Unidos fue oscilando desde el 5% en 2005 hasta un 3% en 2009, con su mayor exponente en 2007 con un 8% antes de descender. Cuando la tasa de interés preferencial bajó, también lo hicieron los tipos de interés en los préstamos. ¿Por qué no pidió Capitol un préstamo al banco a un tipo de interés más bajo?

Muchos bancos habrían estado dispuestos a proporcionar unos términos en materia de préstamos que eran favorables a una empresa en pleno crecimiento como era Capitol, especialmente con el inventario de los comestibles como aval. Por supuesto, ahora sabemos que no existían tales bienes, y por ende, no existía aval alguno.

Como se puede ver, pedir respuestas a unas cuantas preguntas habrían puesto de manifiesto el esquema. Un pequeño análisis de información de dominio público puede dejar al descubierto abundantes datos interesantes (y en ocasiones conflictivos).

MODUS OPERANDI

La mayoría de las estafas, sea cual sea su magnitud, requieren la cooperación o la complicidad de varias personas. En el caso de Capitol, esto incluía al director financiero, Roberto Torres, contable de Alejandro Torres (el hijo de Roberto), y un contable anónimo.

Shapiro y los otros tergiversaron de forma colectiva la situación financiera de Capitol con estados financieros manipulados y que mostraban que los ingresos anuales medios oscilaban entre los 50 y los 60 millones de dólares anuales.

Además, tuvieron que crear facturas falsas para así convencer a los inversores de que en realidad se compraban y revendían mercancías. También confeccionaron acuerdos de *joint venture* entre Capitol y otras partes para crear así falsas pistas de auditorías sobre transacciones que no se habían realizado.

Aquello funcionó durante un tiempo, pero, al igual que sucede con todos los esquemas Ponzi, al final tenía que colapsar. Allá por enero de 2009, Capitol era incapaz de mantener el ritmo de pago tanto del capital inicial como del obtenido mediante los intereses a los inversores. Shapiro ofreció varias excusas, pero para finales de noviembre, para muchos inversores ya era suficiente.

Sherwin Jerrol, un gran inversor del fondo, presentó una petición de concurso involuntario contra Capitol. Fue ahí cuando se cumplió lo que tanto temían los inversores. Capitol era insolvente; debía a los inversores más de 100 millones de dólares.

Peor aún, algunos de los inversores habían recibido un trato preferente, y a ellos les devolvieron su dinero cuando se quejaron. Como un esquema Ponzi implica pagar a los primeros inversores con el capital aportado por los nuevos, a los inversores insatisfechos se les estaba pagando realmente, aunque con el dinero de otros inversores.

ADÓNDE FUE A PARAR EL DINERO

Shapiro desvió el capital de los inversores para su propio uso, incluyendo el pago de 26.000 dólares mensual por la hipoteca de su casa en

Miami Beach, y otro valorado en 12.000 dólares para pagar su yate y su Mercedes. El FBI estima que el capital total que gastó en objetos personales desde 2005 hasta 2009 asciende a 35 millones de dólares, cinco de los cuáles los destinó al pago de deudas de juego.

Como muchos estafadores Ponzi, Shapiro utilizó el dinero para labrarse su camino hacia los círculos sociales más exclusivos. En su caso, se trataba de los deportistas profesionales y de élite, y eso incluía a los prometedores jugadores de baloncesto de la Universidad de Miami y a las estrellas de la NBA. Se subió el ego codeándose con algunas de las estrellas de la NBA mejor pagadas. Donó 150.000 dólares en diez años a la Universidad de Miami, la cual a cambio accedió a otorgar su nombre a la sala de estudiantes y atletas.

Tras su detención, sus lealtades cambiaron rápidamente. Cuando las estrellas del baloncesto lo evitaban, amenazó con publicar un libro en el que revelaría sus hazañas a la hora de violar las normas de la NCAA. Ofreció los nombres de mas de setenta jugadores de fútbol y baloncesto de la Universidad de Miami que habían recibido millones en beneficios prohibidos...de él.

CÓMO ACABÓ TODO

Como sucede con muchos de los esquemas Ponzi expuestos en este libro, una crisis financiera auguraba el fin del juego de Shapiro. La entrada de capital nuevo se detuvo en 2008, y para enero de 2009, Shapiro era incapaz de pagar los beneficios prometidos. Al principio, lo achacó a un retraso en los pagos por parte de los comerciantes. Después, se valió del cuento de que su contable estaba de vacaciones (los contables a menudo cargan con la culpa, la tengan o no). Cuando Sherwin Jerol obligó la convocación del concurso de acreedores involuntario en noviembre de 2009, el mundo fantástico en el que vivía Shapiro se detuvo de repente.

En abril de 2010, Shapiro fue acusado por fraude bursátil y blanqueo de capitales. Se declaró culpable en septiembre de 2010 y en junio del año siguiente fue condenado a veinte años de prisión y a pagar una indemnización de 82,7 millones de dólares.

La Universidad de Miami eliminó cualquier referencia a Nevin Shapiro y devolvió la donación recibida.

QUIEN ROBA UNA VEZ ROBA VEINTE

Aunque muchos de estos estafadores se sienten atraídos por donaciones a la caridad de cierta notoriedad, tienden por otro lado a ayudarse a ellos mismos en lugar de contribuir a la sociedad como un todo. Es muy poco probable que se vieran inclinados a donar si hubiesen conseguido el dinero de forma honesta. No es algo que mantenga mucha coherencia con las características que les llevan a robar y a engañar.

Un delito separado aunque relacionado es que muchos (que no todos) los estafadores Ponzi olvidan declarar sus ingresos y pagar los impuestos sobre ese capital. ¿Acaso se debe a que en sus cabezas no se trata de dinero «real»? ¿Tienen tan poca vergüenza que asumen que pueden salir airosos con lo que sea que quieran y no pagar su parte?

Ese fue lo que sucedió con uno de los agentes de Shapiro, Sydney «Jack» Williams. Williams fue socio de Shapiro y uno de sus fuentes primarias de nuevos inversores en Capitol. A cambio de recomendaciones a nuevos inversores, Williams recibía generosas comisiones de más de 12 millones de dólares. Williams también había invertido personalmente más de 100 millones de dólares en Capitol.

Williams no era cómplice en el fraude de Shapiro, y de hecho perdió parte de su inversión. No obstante, tampoco iba por el buen camino. Atrajo la atención del Servicio de Impuestos Internos cuando descubrieron que había obviado declarar más de 6 millones de dólares. Ese desliz le granjeó una condena a prisión, una multa y la orden de pago de los impuestos debidos.

Quizás haya una forma más simple de detectar a los estafadores, además de a los estafadores Ponzi de forma específica. Si ya engañan en algunas partes de su vida, su propensión al engaño en otras partes es también alta.

En lugar de estudiar las inversiones que promocionan, deberíamos observar su comportamiento en otros aspectos de sus vidas. Por ejem-

plo, analizar la relación entre los impuestos pagados por un contribu-
yente y el total de donaciones a la caridad que haya realizado puede
indicar ingresos que no han sido declarados. El Servicio de Impuestos
Internos podría ser el lugar perfecto para desenmascarar a estos estafadores. Además, esta agencia gubernamental tiene autoridad para
hacer que sean sometidos a una inspección fiscal.

PONZI #7—IOAN STOICA

LA CARIDAD COMIENZA EN CASA

Particulares de la estafa Ponzi
Ioan Stoica
Tema
Caritas Company, esquema de ayuda mutua
Estafa
Mil millones de dólares estadounidenses
Beneficio prometido
La inversión inicial multiplicada por 800 en 6 meses
Inversores estafados
4 millones
Fecha en la que se descubrió
1994
Dónde
Rumanía
Condena
18 meses

CARITAS COMPANY, CLUJ-NAPOCA, RUMANÍA, OTOÑO DE 1993

IOAN STOICA ABRIÓ SU PUERTA CON UN SONORO CHASQUIDO Y ECHÓ UN vistazo a la oficina de fuera. Sitió como un golpe en el pecho cuando divisó de nuevo al anciano, esperando tras otras doce personas. Stoica se apresuró a cerrar la puerta, no sin que antes aquel anciano de pelo blanco captase su mirada.

–¡Usted! –El hombre abandonó la cola y se apresuró hacia Stoica, sin apartar la mirada de él–. Quiero que me devuelva mi dinero. ¡Es un ladrón!

Stoica negó con la cabeza.

–Tendrá su dinero, pero ha de seguir las normas –Hizo un ademán hacia la fila de gente–. Tiene que esperar su turno como todos los demás.

–He esperado...Mis tres meses pasaron ya hace casi un mes. Tengo que comer. ¿Por qué lo pone tan difícil?

Stoica lo despachó con un ademán.

–Limítese a guardar su turno.

Sin unas normas estrictas, su estratagema se vería revelada rápidamente. Todos los rumanos irían pronto tras él, puesto que prácticamente todos habían invertido en su esquema.

Aquel hombre maldijo por lo bajo, pero volvió a la fila.

Stoica dirigió su atención a los tres empleados estaban atendiendo a las filas. Estaban sentados en mesas alineadas, sellando, grapando y contando dinero. Todos ellos estaban devolviendo dinero a los clientes, en lugar de hacer lo contrario. El dinero se esfumaba. ¿Cómo podía dar la vuelta a todo aquel desastre?

Stoica volvió a mirar a los ojos a aquel hombre. Rompió el contacto visual y se volvió a centrar en la gente que estaba al principio de las colas. Había deseado que algunos de ellos hubiesen acudido a depositar dinero porque Caritas, su empresa, necesitaba desesperadamente efectivos. No era muy probable que se realizasen depósitos, casi nadie llevaba dinero ahora. Decenas de personas habían dormido fuera aquella mañana, esperando a que se abrieran las puertas para retirar su dinero, justo como el anciano. La desesperación se palpaba en el aire y la gente se movía nerviosa en la cola.

Había suspendido las amortizaciones hacía tres semanas después de que se le acabase el capital nuevo. Ahora solo permitía las amortizaciones un día al mes. Tendría suerte si el dinero duraba una hora más.

Una mujer que vestía un abrigo raído le dirigió una furibunda mirada desde el principio de la cola. Hacía una semana, le hubiese mostrado una sonrisa. Señaló hacia atrás, donde se encontraba el anciano, apoyado con su bastón.

–¿Por qué no le puede devolver su dinero?

Stoica la ignoró.

–Devuélvame mi dinero –El hombre alzó la voz sobre el estruendo de la multitud.

La gente que se encontraba guardando cola comenzó a murmurar.

–Tendrá su dinero –refunfuñó Stoica–. Si aún no lo ha echado todo a perder para el resto.

Miró con cautela a unas seis personas que acababan de entrar del frío exterior. Se colocaron en la parte posterior de la cola. Por cómo iban ataviados, podía asegurar que eran mineros. Habían vuelto a la ciudad a reclamar su dinero. Habrían juntado el dinero, peleando para aunar un depósito de 200.000 lei o así. Aunque aquello solo era unos 200 dólares en divisa estadounidense, el volumen de gente que hacía depósitos similares había hecho que las cosas fuesen muy bien durante un tiempo. Trabajadores de fábricas se compraron Mercedes y visones, algo impensable para alguien que gana un salario equivalente a 60 dólares.

Incluso había oído algo sobre un hombre que vendió su única vaca para depositar todo su dinero en Caritas. Aquello no era tan estúpido como sonaba. Ojalá aquellas personas supieran lo que era bueno para ellas. Deseó que la gente no hubiese tentado tanto a su suerte y pidiesen ahora el dinero de vuelta.

Volvió a centrar su pensamiento en los mineros, una panda un poco agresiva. Podían constituir un problema, todos juntos, especialmente después de pasar horas viajando en un gélido tren. Más le valía pagarles y que se fuesen de allí, o las cosas podían irse de madre muy rápido. Después de eso, se acabó el esquema. Podría desaparecer por un largo período. Si acababa las cosas en aquel momento, aún le quedaría suficiente para vivir el resto de su vida.

Se dirigió a su asistente, que cerró las puertas detrás de aquellos hombres.

CARITAS

Caritas el la palabra latina para caridad, pero en 1992 en Rumanía, la única persona que estaba recibiendo limosnas era Ioan Stoica. Stoica, antiguo contable en una planta química, era el autor intelectual que se hallaba tras el esquema Ponzi de Caritas.

Caritas posee un lugar único en la historia de los esquemas Ponzi. Nunca se había embaucado a un país entero con un esquema Ponzi hasta tal punto como sucedió en Rumanía. En un momento, los oficiales calcularon que aproximadamente una quinta parte de la población, o lo que es igual, cuatro millones de personas, habían invertido hasta un equivalente a la mitad de los ahorros totales del país en ese esquema. Para entender como pudo ocurrir aquello, es importante comprender el clima político y económico de aquella época.

Habían pasado menos de dos años desde que se derrocó el régimen dictatorial de Nicolae Ceausescu el Día de Navidad de 1989. Tanto él como su mujer fueron juzgados y condenados el mismo día, y después asesinados por un pelotón de fusilamiento. Rumanía abolió la pena capital en menos de dos semanas desde aquel momento, el 7 de enero de 1990.

Rumanía cambió casi de la noche a la mañana. La Revolución Rumana de 1989 acabó con el poder comunista que había regido desde 1947. Ceausescu fue el último en la línea de líderes comunistas, habiendo gobernado Rumanía con puño de hierro desde diciembre de 1967 hasta el 25 de diciembre de 1989. Durante más de cuarenta años, muchos rumanos habían vivido en la pobreza y la represión.

El Frente de Salvación Nacional formó el nuevo gobierno y eligió traer consigo reformas graduales para la transición económica. Los controles sobre la divisa se levantaron, y el país comenzó la transición a la economía de libre mercado. A pesar de la privatización gradual y de las reformas, o quizás a causa de ellas, Rumanía vio una inflación del 60% en menos de un año. La inflación, acompañado por una alta tasa de desempleo y de los programas de austeridad impuestos por el Fondo Monetario Internacional, empujó aún más a la gente a la pobreza.

Fue en medio de aquellas sombrías condiciones económicas cuando nació el esquema Ponzi de Caritas de Ioan Stoica, en abril de 1992, apenas dos años tras la revolución. Sean cuales fuesen las esperanzas que se habían visto frustradas tras la revolución, estas se recuperaron con sus promesas sobre el dinero que se iba a hacer. La gente peleó por encontrar dinero que invertir en Caritas desde el primer momento.

Pronto, habían depositado a la empresa de Stoica más dinero del que él nunca hubiese imaginado. En tan solo unos meses, había pasado de tener el sueldo de un contable a montones de dinero por no hacer prácticamente nada. Abrió una tienda de lujo para conseguir aún más dinero de los inversores enriquecidos al comprar estos productos alimenticios y ropa de lujo.

Stoica denominó a su esquema como un esquema de «ayuda mutua». Prometió un 800% de rendimiento en seis meses. Aquella idea era música para los oídos de la gente que había vivido en la pobreza casi dos generaciones.

Los beneficios parecían algo difícil de creer, pero para aquella gente que no había experimentado de primera mano el capitalismo, su promesa de riquezas parecía plausible. Dado que la tasa de inflación anual del país era del 60%, era posible que las ganancias fueran increíbles, ¿no?

Stoica llevó a cabo una campaña de marketing muy efectiva al publicar los beneficios semanales por persona en el periódico local. Se refería a ellos como «ganadores», acentuando aún más la atmósfera carnavalesca. En su punto de auge, la lista ocupaba decenas de páginas. Miles de personas más llegaban diariamente con más efectivo, con la esperanza de hacer dinero.

Pronto la gente comenzó a ir en bandada a la empresa de Stoica en la ciudad de Cluj-Napoca. El alcalde Gheroghe Funar dio la bienvenida a aquella actividad e incluso otorgó espacio en el ayuntamiento para que Stoica operara allí. Se depositó tanto dinero que el gobierno rumano incluso tuvo que imprimir más billetes. En un determinado momento, Caritas estaba en posesión de un tercio de todos los billetes rumanos en circulación.

Pero, ¿en qué consistía la inversión exactamente? Era en cierto modo difuso. La gente sabía solo dos cosas: tenían que reclutar a sus amigos y familiares, y querían ser «ganadores» como aquellas personas del periódico.

A pesar de la ausencia de inversiones subyacentes, Caritas atrajo a millones de inversores quienes, en ocasiones, hacían cola durante horas solo para depositar los ahorros de toda su vida en la empresa. Las listas de los ganadores y el boca a boca eliminaron cualquier tipo de duda mientras que los primeros inversores comenzaron a hacer gala de su recién encontrada riqueza con coches nuevos, lavadoras y propiedades inmuebles. Independientemente de cómo funcionase, lo hacía. Había pruebas tangibles de que la gente se estaba haciendo rica.

A pesar de las advertencias de prominentes banqueros y economistas, el gobierno permitió que el esquema continuase a un rito desenfrenado. No había lugar a dudas, temían otra revolución si la gente se veía devuelta a la pobreza.

Para finales de 1993, era imposible ignorar los signos de advertencia. No solo quedaba patente que no existían inversiones subyacentes, sino que el número de depositantes empezó a disminuir. Muchos de los inversores previos decidieron salir de ahí y mantenerse fuera mientras pudieran, y los nuevos inversores, más pobres, tendían a depositar menos. La lista de ganadores del periódico se vio reducida de casi cincuenta páginas a solo unas pocas.

Stoica suspendió momentáneamente las operaciones y lo achacó a un fallo informático. Una segunda pausa unos meses después alimentó aún más las sospechas, hasta que caritas finalmente echó el cierre en mayo de 1994. Se declaró oficialmente en concurso de acreedores en agosto de 1994.

Stoica culpó a los periódicos por causar que Caritas colapsase y prometió a los inversores que obtendrían su dinero. Por supuesto, nunca lo hicieron.

Aunque Stoica fue condenado a siete años de prisión por estafa, esa condena se vio reducida a dieciocho meses por un recurso de apelación. No obstante, sus víctimas no obtuvieron ningún indulto. Muchos tuvieron que trabajar años extra para volver a ganar los ahorros perdidos, o para devolver los préstamos que habían pedido. Al final, las víctimas de Stoica recibieron algo más parecido a una condena a prisión de lo que recibió él.

PONZI #6—DAMARA BERTGES

UNA TRETA REAL

Particulares de la estafa Ponzi
Damara Bertges
Tema
European Kings Club, «cartas» con intereses
Estafa
1.100 millones de dólares estadounidenses
Beneficio prometido
71%
Inversores estafados
94.000
Fecha en la que se descubrió
1994
Dónde
Alemania, Suiza
Condena
8 años

GELNHAUSEN, ALEMANIA—1992

EL AMBIENTE ESTABA TAN AGITADO QUE PRÁCTICAMENTE CRUJÍA. La abarrotada estancia parecía más un renacimiento religioso que una reunión de inversión, y aquello dio más fuerzas a Damara Bertges conforme examinaba la multitud. Cientos de personas se apretujaban en las filas de asientos, deseosos todos ellos de tener la oportunidad de hacerse ricos. Algunos habían formado parte de European Kings Club durante unos cuantos meses o años, y otros eran nuevos, con la esperanza de poder entrar en el juego.

La multitud aguardaba expectante y Bertges no iba a decepcionarles. Le encantaba aquella parte, todo el mundo feliz. El dinero lograba ese efecto en las personas.

Todo el mundo compraba las «cartas» de European Kings Club por el mismo precio, 1.400 marcos, o 1.400 francos suizos, si era de Suiza. Cada carta EKC autorizaba al titular a recibir doce pagos mensuales de 200 marcos alemanes o francos suizos cada uno. Aquello sumaba un 71% de rendimiento en dicha inversión.

Irresistible.

Tan irresistible como los cheques de cartón gigantes y los sobres con dinero que estaba a punto de entregar a inversores que había seleccionado con sumo cuidado. La habitación rebosaba energía al estilo de un concurso de juegos de la televisión, con los «ganadores» diseñados tanto para incitar a la población y traer dinero nuevo.

Montones de dinero nuevo. No había problema alguno en pagar aquellos atractivos beneficios, siempre y cuando la European Kings Club continuase atrayendo nuevos inversores que financiasen tales pagos. No era necesario buscar muy lejos, pues una nueva remesa de gente llegaba a la puerta en cada reunión. Prácticamente podía oler el dinero. Lo único que lamentaba era no haber tenido esa idea antes.

ESTAFADOS EN SUIZA—EL ESQUEMA

El European Kings Club tuvo lugar a comienzos de la década de 1990 en Alemania y Suiza, antes de que se adoptase el euro como divisa común. Naturalmente, el rendimiento del 71% de EKC estaba garantizado, dado que se trataba de un esquema Ponzi. El esquema funcionó durante varios años. Durante un breve período de tiempo, una de cada diez personas en ciertos cantones suizos invertía en EKC.

El EKC estaba dirigido por Damara Bertges, una carismática ama de casa alemana de orígenes humildes, y Hans Günther Spachtholz, un médico alemán. El EKC, al igual que sucedía con muchos esquemas Ponzi, era una estafa por afinidad. El estafador localiza como objetivo a personas similares en grupo, en ocasiones en función de su nacionalidad, religión u origen étnico.

La gente tiende a confiar en las personas con las que guarda una cierta similitud, gente con la que identificarse. Esto es especialmente efectivo en grupos religiosos, pues la gente tiende a asumir que las personas religiosas son honestas. Si un grupo en particular no existe, un artista del engaño inteligente puede crearlo. En este caso, se trataba de un grupo de «tipos corrientes», supuestamente explotados por los bancos.

La EKC, «sin ánimo de lucro», no solo ofrecía un rendimiento más alto, sino que además permitía a los «tipos corrientes» vengarse por las supuestas humillaciones que sufrían de la mano de los grandes bancos. Al final, invertir en EKC implicaba que el «tipo corriente» podía mantenerse fiel a los grandes bancos y al mismo tiempo ganar un beneficio espectacular en una inversión.

Había otro giro desde el punto de vista de la afinidad. El arsenal del European Kings Club incluía algo incluso más efectivo: una teoría conspiratoria o *konspirationistchen*. Este tema fomentaba la idea de que los grandes bancos europeos, la Comunidad Europea y en cierto modo los masones explotaban entre todos al «tipo corriente» cuando conspiraban de forma activa para robar a la gente trabajadora. Los criminales a menudo desvían las sospechas de su persona infundiéndolas en otros.

La teoría de la conspiración también inculcaba un fuerte sentido del patriotismo y de la justicia entre los miembros de la EKC. Incluso cuando el rendimiento descendió hasta un 40% poco antes del colapso, creían en su causa. También ayudó el hecho de que cada miembro recibió una comisión de un 10% por recomendar nuevos inversores. Estaban realmente juntos; incluso tenían su propia canción.

La afinidad a menudo se solapa con el tema de la exclusividad, y ese era el caso de EKC. Los estafadores Ponzi juegan con la naturaleza humana restringiendo la inversión a un grupo particular. Cuando se ofrece algo a un grupo y no a otros, uno se siente afortunado, y especial, por que le incluyan. Es como un regalo.

Es menos probable que formule preguntas a alguien que parece que le está haciendo un favor. Puede que incluso quiera devolverle ese favor ayudando a esa persona. Reclutar nuevos inversores se ajusta a esa ayuda. Es exactamente lo que el estafador busca. En este tipo de entorno tan cerrado, las noticias corren como la pólvora, especialmente cuando se trata de una oportunidad de hacer dinero. El estafador no tiene que hacer publicidad, lo que reduce el riesgo de ser detectado. La afinidad y la exclusividad le permiten controlar a quien se invita, y se asegura de que las autoridades se mantienen al margen.

La exclusividad también genera bullicio y emoción, pues a todo el mundo le gusta hacer alarde de tener contactos importantes o éxito; así como pasar grandes oportunidades a sus amigos y familiares.

La fiesta no duró mucho. A finales de 1994, tan solo tres años después, el esquema se vino abajo, más de un millón de dólares se volatilizaron, y Bertges y Spachtholz fueron juzgados por el esquema Ponzi más grande de toda la historia de Alemania.

Pero incluso con cargos criminales, las creencias de muchas de las víctimas de EKC estaban profundamente arraigadas. Muchos de ellos veían a Bertges como una víctima, engañados por su carismática sonrisa y su personalidad cautivadora. La animaron y le llevaron rosas al juzgado. A pesar de estas muestras de apoyo, tanto Bertges como Spachtholz fueron declarados culpables y condenados a ocho y cinco años de prisión respectivamente. Bertges finalmente solo cumplió tres años y medio, después de acreditar que ha había cumplido dos años antes del juicio.

PONZI #5—SCOTT ROTHSTEIN

Particulares de la estafa Ponzi
Scott Rothstein
Tema
Rothstein, Rosenfeldt y Adler, acuerdos extrajudiciales estructurados
Estafa
1.400 millones de dólares estadounidenses
Beneficio prometido
50%
Inversores estafados
Más de 250
Fecha en la que se descubrió
1994
Dónde
Fort Lauderdale, Florida
Condena
50 años

FORT LAUDERDALE, FLORIDA—OCTUBRE DE 2009

Scott Rothstein sacó fajos de billetes de cien dólares de la caja fuerte de su oficina y los metió a presión en una bolsa de lona hasta que se tensaron las costuras. Echo un vistazo a la puerta de la oficina, cerrada con llave. Había llegado por la entrada secreta, de modo que nadie lo había visto entrar.

Exhaló aire e hizo girar los fajos en su mano, complacido por haber sido previsor y haber guardado el dinero en la caja fuerte de su oficina. Sabía que aquel día llegaría, aunque había llegado mucho antes de lo que esperaba.

Aquella sería el único dinero que vería durante una temporada. Metió los dos últimos fajos en su ya abultada bolsa, después estrujó los dos lados hasta juntarlos y cerró la cremallera. El dinero en efectivo era su plan B, en caso de que las autoridades interceptasen los 16 millones de dólares que había transferido, o si por lo que fuese se quedaba sin dinero. Probablemente el plan B fuese excesivo, puesto que solo él conocía el verdadero grado financiero de Rothstein, Rosenfeldt y Adler.

Aunque se cuidaba de compartir solo detalles parciales con cualquier otra persona involucrada, el esquema en su totalidad se había acelerado hasta el punto de que ni siquiera podía ya dar sentido a todas las partes. Todo se había descontrolado rápidamente, y ya no podía seguir la pista a qué inversor había prometido qué dinero. Tampoco era capaz de mover el dinero o falsear los estados financieros lo suficientemente rápido. Más importante aún, no podía pagar a los inversores cuando se cumplía el plazo, a pesar de los cientos de millones que había recibido en depósitos en tan solo las ultimas semanas.

Tenía que huir mientras aún fuese posible.

Rothstein levanto la bolsa. Un millón de dólares pesaban mucho menos de lo que esperaba. Siempre había hecho acopio de una cantidad significativa de dinero en su oficina. El hecho de tenerlo al alcance de su mano era más seguro que tenerlo en cualquier banco, donde podían congelarle las cuentas o incautárselo. Aquella era la primera vez que recordaba haber contado realmente el dinero. No es que le diese miedo que alguien le quitase dinero; siempre imaginó que el dinero seguiría llegando. No había esperado que el flujo se secase.

Un millón ya no le parecía mucho dinero. Cientos de millones eran lo normal, hasta aquel día, cuando se vio obligado a dejar atrás sus otras posesiones.

Hizo una pausa y miró de nuevo fijamente la puerta de su oficina. Aún estaba cerrada con llave. Solo él y su secretaria de dirección, Marybeth Feiss, tenían llave del despacho de dentro. También tenía un guardia fuera las veinticuatro horas del día. El guardia era cortesía de su amigo Frank Adderly, el jefe de policía de Fort Lauderdale, quien le suministraba policías fuera de servicio en un acuerdo que beneficiaba a ambas partes. Rothstein recibía protección, y los policías se ganaban un pequeño sobresueldo.

La caja fuerte produjo un sonido metálico cuando la cerró por última vez. Analizó la oficina, preguntándose cuánto tiempo pasaría hasta que registrasen cada milímetro de Rothstein, Rosenfeldt y Adler. Cualquier cosa que las autoridades encontrasen en las instalaciones se incautaría como pruebas; casi con seguridad se perdería para siempre. Desearía podérselo llevar todo consigo.

Las fotografías se alineaban en las paredes, mostrando sus conexiones con los ricos, los famosos y los políticos de Fort Lauderdale. ¿Lo considerarían un amigo o un enemigo una vez la verdad saliese a la luz?

Miró la hora, y deseó poder llevarse más piezas de su considerable colección de relojes. Sintió una punzada de tristeza por dejarlos atrás. Siempre podría encontrar más inversores para empezar de nuevo, ¿pero los relojes? Algunos eran irreemplazables.

Aún así, cada minuto contaba, y podría comprar más relojes y amigos allá adonde iba. Se alzó y abrió la anodina puerta de la pared de la oficina que ocultaba su ascensor privado.

El teniente David Benjamin, la mano derecha del *sheriff* del condado de Broward, Al Lamberti, aguardaba para escoltarlo al aeropuerto, donde había un *jet* privado para llevarlo a Casablanca, Marruecos. Aunque entonces aún no lo sabía, volvería en menos de dos semanas después, en el mismo *jet* fletado por Blue Star Jets. El exmarido de la mujer del gobernador de Florida, Charlie Crist, era el dueño de la empresa de aviación.

Rothstein había mantenido buenas relaciones con el gobernador Crist, incluso le ayudó a apagar las velas de su tarta de cumpleaños recientemente. El gobernador Crist había sido preseleccionado como compañero de fórmula de John McCain, y Rothstein, Rosenfeldt y Adler había sido la firma que más había contribuido a la campaña de Crist, así como a la de McCain. Ahora las relaciones que tan cuidadosamente había cultivado Rothstein se disolverían en el aire, al igual que los favores políticos que había esperado conseguir.

Suspiró y se subió al ascensor. Un día más y era posible que no lograse escapar del país; era ahora o nunca. A su llegada a Marruecos, se tomaría un respiro y planearía su siguiente movimiento. La tarea más importante era transferir más dinero y determinar qué vendría después.

Marruecos resultaba ser el único país que no tenía tratados de extradición tanto con EE.UU. como con Israel. Rothstein había pedido a los abogados de su firma que investigasen ese asunto apenas unas semanas antes, alegando que era para un cliente muy importante que podían interponer cargos contra él por fraude, blanqueo de capitales y desfalco. Marruecos era el único país que reunía los requisitos.

LO SIENTO...EN CIERTO MODO

Rothstein no desapareció para siempre, ni siquiera por mucho tiempo. Poco después de su vuelo a Marruecos, envió por correo electrónico una nota descorazonadora, llena de disculpas. ¿Era ese remordimiento genuino, o se trataba de otro juego? Quizás las autoridades se marchasen si pensaban que estaba muerto. Podía esconderse en Marruecos durante una temporada, después comenzar una nueva vida con sus millones. Parecía la estrategia de huida perfecta.

La nota tenía fecha del 31 de octubre y es comúnmente conocida como la «nota de suicidio» de Rothstein. Unas cuantas frases lo decían todo (o quizás nada en absoluto) dependiendo de la interpretación que se diese a las palabras:

«Perdón por decepcionaros a todos. Soy un idiota. Pensé que podía arreglarlo, pero me vi atrapado por mi ego y la negativa al fracaso, y ahora todo lo que he conseguido es dañar a la gente que quiero. Por favor, cuidaos y proteged a Kimmie (la mujer de Rothstein). *No sabía nada. Ni ella ni ninguno de vosotros os merecéis lo que he hecho. Espero que Dios me permita veros desde el más allá. Con amor, Scott».*

Scott Rothstein firmó todos sus correos electrónicos y todas sus notas de la misma forma empalagosa, tanto si se trataba de una nota para la familia, para el bufete de abogados o para los socios de su empresa. ¿Conocía realmente el significado de la palabra del saludo inicial?

Aparte de eso, ¿qué estaba implicando acerca de su mujer? ¿Proteger a su mujer de qué? Si ella no estaba al corriente de nada, ¿a qué tenía miedo?

Muchos sospechaban que Scott Rothstein no solo estaba huyendo de la ley, sino también del crimen organizado. Algunos de los socios de Rothstein supuestamente tenían conexiones con el crimen organizado israelí y con la mafia siciliana. Aunque no estaba demostrado, hay varios hechos interesantes a tener en cuenta.

Rothstein afirmaba que la gente le perseguía. Incluso antes de su huida a Marruecos, declaró que su vida corría peligro. ¿Se trataba de una invención, como muchas otras partes de su vida, o había una cierta verosimilitud en sus alegaciones? ¿Por qué contaba con seguridad las veinticuatro horas del día?

Es difícil determinar si creer las declaraciones de Rothstein sobre el papel que jugaba en eso la mafia, o desecharlas calificándolas como otro intento de granjearse el favor de las autoridades. Era bastante parco en cuanto a detalles. ¿Les ayudó a blanquear dinero? ¿Invirtieron estos en su esquema Ponzi? El acuerdo exacto, si es que lo hubo, aún es un misterio.

Su franqueza al admitir que era culpable no solo por el esquema Ponzi, sino también por otras transgresiones, llevó a algunos a sospechar sus motivos para cooperar. ¿Acaso la alusión a la mafia era meramente un ardid para reducir su condena de cincuenta años de prisión?

Quizás, pero entonces, ¿por qué no aparece su nombre en la lista del localizador de reclusos de la Oficina Federal de Prisiones? Algunos creen que cooperó con las autoridades a cambio de una declaración de culpabilidad pactada. La importante condena a cincuenta años no significaba nada en absoluto si no iba a cumplirla.

Aunque puede que estuviese en protección de testigos o puede que no, es muy poco usual que un convicto no aparezca en la lista de reclusos. Quedan muchas preguntas sin respuesta.

EL ESQUEMA

Scott Rothstein basó su estafa en el concepto de acuerdos extrajudiciales con descuento. El litigante, su cliente, cedía sus ganancias con el acuerdo, las cuales se pagaban en una fecha futura. A cambio, el cliente recibía hoy un pago inmediato, pero con un descuento.

El modus operandi de Rothstein era presentar el pago por adelantado al cliente como una oportunidad para hacer dinero a posibles inversores. El inversor proporcionaba la suma del acuerdo extrajudicial con descuento, supuestamente pagada a través de la firma de Rothstein: Rothstein, Rosenfeldt y Adler (RRA), a su cliente, la víctima. Entonces, el inversor aguardaba al resultado del litigio, y recibía las ganancias totales del acuerdo una vez que el caso había concluido. La diferencia entre la cantidad que el inversor pagaba con antelación y lo que recibía posteriormente representaba el beneficio.

¿Cómo era posible que Rothstein estuviese tan seguro del dinero que se pagaría con el acuerdo en un caso que aún no estaba decidido? Para evitar cualquier objeción por parte del inversor, dio un giro a los hechos. Afirmaba que podía garantizar el pago al inversor por la naturaleza del pleito.

Rothstein estaba especializado en demandas por acoso sexual y discriminación laboral. Afirmaba a los inversores que muchas de las partes que se oponían a las demandas de sus clientes estaban ardían en deseos de solucionarlo fuera de los tribunales, a cambio de confidencialidad. Rothstein les propondría un acuerdo, sin olvidar mencionar la alternativa de deponer a su mujer, sus hijos o su novia. Hacía alusión a un vídeo embarazoso para subir la apuesta. Dejó a entender que siempre elegían la primera opción, reacios a que su mujer o su novia descubriesen su vida secreta. Además, nunca discutían sobre la suma final del acuerdo que Rothstein sugería.

Rothstein otorgó un color adicional a sus historias, dibujándolas como casos en los que el jefe se había acostado con la secretaria o al que habían pillado con prostitutas. Incluso afirmó tener un video de las trasgresiones, que amenazaba con hacer público si la persona en cuestión no accedía a los términos del acuerdo.

Casualmente, muchas víctimas (sus clientes) querían que les pagasen inmediatamente, en lugar de esperar a las ganancias totales del acuerdo más tarde. Todo era conforme a los términos del acuerdo que Rothstein, Rosenfeldt y Adler (RRA) aparentemente habían resuelto con la otra parte en la demanda.

A los inversores se les avisaba que la confidencialidad también era obligatoria en su caso, puesto que era parte de los términos del acuerdo. Sorprendentemente, los inversores nunca se lo pensaron dos veces en cuanto a si era ético usar el montante para hacer chantaje en los acuerdos extrajudiciales. ¿Alguna vez se cuestionaron la integridad del hombre al que confiaban su dinero?

Rothstein se hizo con los cheques de los inversores y les dio a cambio una serie de cheques con fecha futura que coincidían con el supuesto flujo de efectivo y calendario del acuerdo del demandante. El inversor entonces cobraba los cheques cuando llegaba la fecha del cheque.

Parecía la inversión perfecta, dado que estaba cien por cien garantizada. Las ganancias del acuerdo se retenían en fideicomiso, y los estados del banco manipulados que Rothstein proporcionaba a sus potenciales inversores daban fe de ello.

Para Rothstein, también era el acuerdo perfecto. Él proporcionaba lo que parecía ser una razón muy plausible para el secretismo, lo que le ayudaba a perpetrar el esquema Ponzi.

Lo que no estaba claro era por qué los clientes de Rothstein estarían dispuestos a aceptar tales descuentos en sus acuerdos. Los beneficios de Rothstein oscilaban del 20% al 45% o más. También parecía tener la habilidad de ajustar esos beneficios. Cualquier duda por parte de algún inversor y la extensión del plazo de la inversión podría verse reducido, o el porcentaje de beneficios aumentar. Da igual el hecho de que estos acuerdos equivaliesen a acciones, la ley federal no lo registraba ni lo cualificaba para vender valores.

Al margen de aquellos beneficios que eran demasiado buenos para ser ciertos, nadie se cuestionó el flagrante conflicto de intereses relacionado con vender los acuerdos de sus clientes a sus socios. Ni los inversores se cuestionaron lo que parecía ser un chantaje o inducción, puesto que, para empezar, insinuó que a menudo recurrió a prostitutas para situar a los hombres en una posición comprometida. Quizás los clientes hicieran la vista gorda llevados por la codicia de ganar fantásticos beneficios.

Aunque el secretismo es un indicador de estafa, las razones que tenía Rothstein para la confidencialidad parecían razonables, al menos en la superficie. Dado el tamaño de la firma de Rothstein, con casi cien abogados, tampoco sorprendía el hecho de que muchas de esas demandas se solventasen de forma secreta. Parecía ser el acuerdo perfecto.

Esa seguridad al ciento por ciento que se prometía al inversor también constituía una señal de alarma. Como Rothstein describió en su deposición, el dinero ya estaba supuestamente «dentro» en una cuenta de garantía bloqueada en RRA. Aquello ya de por sí debería haber dado una potencial pausa de inversores. Si los clientes de Rothstein necesitaban efectivo inmediato, ¿por qué no podían ir sencillamente al banco a pedir un préstamo y usar el dinero de la cuenta de garantía bloqueada como aval? Los inversores no se lo cuestionaban, tal y como estaban seducidos por la promesa de un rendimiento generoso.

Rothstein y sus ayudantes falsearon estados de cuenta para

mostrar cuentas repletas de dinero. Incluso fueron tan lejos de citarse con los inversores en el mismo banco, para crear la ilusión de una tercera parte independiente. Un cómplice de Rothstein se haría pasar por un empleado del banco y verificaría los balances bancarios en los estados.

UNA RED DE ENGAÑOS

Aunque Rothstein afirma haber comenzado su esquema en 2005, su engaño probablemente se remontase a años antes, después de ganar un acuerdo de discriminación laboral para un drogodependiente. Recogió el dinero pero pasó por alto decírselo o pagar al adicto. Cuando finalmente descubrió que le debían dinero, le dio dinero para impulsar si hábito a las drogas. Aquello conformó el germen de una idea para el esquema Ponzi brotaría años después.

Todo lo relacionado con Rothstein era una mentira, o al menos una contradicción. Su abuela peleó por reunir dinero para que pudiese asistir a la escuela de derecho, pero él era de todo menos frugal. Quizás la imagen pública y la caída final de Rothstein estén encapsuladas en sus propias palabras: «Crecí pobre. Soy un lunático en cuanto al dinero».

Tras acabar en la escuela de derecho, ejerció en una oscuridad parcial durante quince años. Después comenzó su ascenso meteórico hacia el pináculo la comunidad jurídica de Fort Lauderdale. Para cuando se hubo asociado con Rosenfeldt y Adler, vivió de forma exuberante, con cubre asientos de inodoro de oro para él y ella en una de sus muchas residencias, coches deportivos de lujo y motocicletas en el garaje. Al igual que Madoff, los relojes de pulsera lo volvían loco, y tenía una colección que valía millones.

Se consideraba a sí mismo un judío devoto, aunque pagó miles de dólares por un servicio de acompañante y llevó a una *stripper* a una habitación de hotel. Como muchos estafadores Ponzi, se dejó llevar por el ego y su deseo de relacionarse con los más ricos y poderosos de Florida. Rezumaba encanto y carisma. La mayoría de los inversores se tomaban sus discursos al pie de la letra, incluso sin el papeleo que respalde los detalles de la inversión.

Rothstein estafaba de forma indiscriminada. Algunos de sus grandes inversores eran Shimon y Ovadia (Ovi) Levy, padre e hijo que eran socios en The Sea Club Ocean Resort y la Renato Watch Company respectivamente. Consideraba a Ovi y Shimon amigos y familia, o al menos eso era lo que les decía a ellos. Cuando expresaron su interés por el esquema, no dudo en tomar su dinero. Cuando le preguntaron acerca de cómo estructuró su acuerdo con ellos en el momento de su deposición dijo:

«Al debatir los acuerdos y el flujo de inversiones con Shimon y Ovadia, me quedó claro que ellos querían acuerdos de pago muy, muy bajo, lo que quería decir que fuese durante el menor número de meses posible, para así recuperar su inversión inicial y su beneficio por la inversión; así que cuando estaba estructurando los acuerdos para ellos, ya saben, evidentemente me los estaba inventando».

Cuando se estaba inventando los acuerdos ficticios, también tuvo en cuenta la cantidad de dinero que necesitaba para perpetrar el esquema Ponzi (y aquí el tema se vuelve crítico) además del deseo de los Levy de obtener un pago rápido. Dijo que también estaba «intentando modificar los acuerdos un poco porque les tenía mucho aprecio y quería que ganasen mucho dinero».

Algunos encontrarían irónico el hecho de que aunque consideraba a los Levy «familia», igualmente tomo su dinero para una inversión inexistente. Ese es el autoracionalización de un estafador.

En un momento dado, Shimon Levy incluso preguntó a Rothstein sin rodeos si estaba llevando a cabo un esquema Ponzi. Pareció creer en su palabra cuando le respondió «no» y no indagó más. A pesar de los altos beneficios prometidos sin riesgo durante un corto período de tiempo, Levy ignoró sus dudas y continuó reinvirtiendo su dinero con Rothstein.

RENATO WATCH COMPANY

Ovi Levy, si socio de Renato Watch Company, solicitó y recibió protección policial más o menos cuando Rothstein huyó a Marruecos. Un policía uniformado permaneció apostado en la puerta de su residencia desde el ocaso hasta el amanecer durante al menos una semana. ¿Sus temores estaban de algún modo relacionados con la desaparición de Rothstein?

El antiguo socio de Shimon Levy en Sea Club Resort Hotel había sufrido un disparo a plena luz del día varios años antes.

LOS BENEFICIOS DE ROTHSTEIN

Poco después de que Rothstein volase a Marruecos a finales de octubre, lo convencieron de algún modo para que volviera de forma voluntaria a los Estados Unidos. No solo admitió su esquema Ponzi, sino también lo que él denominó un «sub-Ponzi». Cuando cayó, admitió una multitud de delitos entre los que se incluían fraude bursátil, blanqueo de capitales y evasión fiscal.

Casi parecía ansioso por ofrecer información voluntariamente. Fue hasta tal punto que ha sido el estafador Ponzi que más ha cooperado en la historia, incluso ofreciendo información sobre otras actividades delictivas además del esquema Ponzi.

¿Qué sabe, y sobre quién sabe?

DINERO Y DEMOCRACIA

Scott Rothstein coleccionaba amigos en las altas esferas del mismo modo que coleccionaba relojes, coches y otros objetos de lujo. Accedió a los círculos sociales de aquellos con buenos contactos como una forma de obtener información desde dentro acerca de acuerdos de honorarios de contingencia lucrativos así como de expandir su círculo de inversores acaudalados para alimentar su esquema.

A pesar de la ajetreada vida de Rothstein, también se las apañó para encontrar tiempo para meterse en política. Como todo lo demás, se sumergió en el panorama político a lo grande.

Una vez que su esquema quedó expuesto, las autoridades pronto descubrieron otras estafas separadas pero relacionadas en funcionamiento. El esquema Ponzi solo era la punta de un enorme iceberg.

Por ejemplo, Rothstein buscaba el favor de los peces gordos de la política. Sentía que podía alzar la talla política de RRA haciendo importantes contribuciones a la campaña política de John McCain. Aquella no era la primera vez que había intentado hacerse amigo de figuras políticas importantes.

Al igual que hizo con todo lo demás, Rothstein primero trató de comprender qué era lo que quería la gente, y después encontró la forma de dárselo. En su cabeza, le debían una.

Sin embargo, no solo podía extender un gran cheque. Para eludir Ley Federal sobre Campañas Electorales (Federal Election Campaign Act), eran necesarias muchas pequeñas contribuciones por parte de los empleados de RRA. Aquello constituía un problema, puesto que muchos no tenían medios ni deseaban contribuir con la campaña Republicana. Como siempre, Rothstein halló una forma de evitar este problema.

UNA ESTAFA DENTRO DE UNA ESTAFA

Steven Lippman, abogado en RRA, y otros empleados realizaron contribuciones individuales a la campaña, para obtener por parte de RRA todo lo contribuido más un pequeño bonus. En el caso de Lippman, él contribuyó con 67.800 dólares pero recibió de RRA un cheque por valor de 77.500 dólares por las molestias. Los cheques de RRA estaban antedatados seis días antes a la fecha de la contribución; la descripción del talón rezaba «bonus».

La asistente de Rothstein, Marybeth Feiss, extendió los cheques a Lippman y a otros empleados de Rothstein. Los gastos se describieron en los libros de contabilidad como primas o reembolsos de gastos. El empleado recuperaba su dinero y Rothstein se ganaba el favor de los políticos proporcionándoles generosas contribuciones que evitaban los límites de contribuciones impuestos por las leyes.

¿Fue esa la primera vez que intentaba un esquema semejante? Probablemente no, puesto que los estafadores normalmente primero tantean el terreno con transacciones más pequeñas. Sus contribuciones políticas deberían hacerle plantearse también cuánto prevalece esta practica con otras contribuciones políticas y qué es lo que ello implica en la sociedad. Las campañas en la actualidad requieren de miles de millones de dólares para financiarse. ¿Con quiénes exactamente están los políticos en deuda, con los votantes o con quienes les financian?

La lealtad de Lippman hacia Rothstein no parecía tener límites. A medida que la situación de liquidez de RRA empeoró, Lippman se comprometió a extender cheques sin fondos para encubrir el hecho de que en el banco no había dinero suficiente para cubrir los gastos. Emitir cheques sin fondo implica escribir un cheque, a sabiendas de que en el banco los fondos para cubrirlo son insuficientes. Inmediatamente entonces se extiende un cheque de un segundo banco, y se deposita en la primera cuenta para compensar el primer cheque. Esta estratagema se aprovecha del «*float*», que es el número de días que tarda el banco en verificar los fondos y reflejar en cuenta los cheques entre bancos.

Desde febrero de 2006 a febrero de 2008, Lippman usó una cuenta que mantenía activa de su antigua firma de abogados (LVS), donde había sido socio. Extendió cheques desde la cuenta de LVS para exagerar y tergiversar los balances de RRA. El balance bancario inflado artificialmente permitió entonces a Rothstein obtener financiación del banco para RRA que, de otro modo, no le habrían concedido.

Lippman también extendió cheques a LVS desde la cuenta de RRA. El gran volumen de las transacciones creaban la ilusión de que se trataba de un bufete de abogados exitoso, pero el dinero simplemente se traspasaba de una cuenta a otra una y otra vez. Esta práctica se capitalizaba en los dos o tres días que se necesitaban normalmente para que se hicieran efectivos los cheques. El cheque mostraba un depósito en los balances de del banco de LVS, pero técnicamente aún formaba parte de la cuenta de RRA, puesto que aún no se habían actualizado las cuentas. El dinero efectivamente se contaba en dos sitios a la vez.

Desde febrero de 2006 hasta febrero de 2008, Lippman había extendido cheques por valor de 10,3 millones de dólares desde la cuenta de LVS. Durante el mismo período de tiempo, extendió cheques que sumaban un total de 10,6 millones desde la cuenta de RRA, con una diferencia neta de tal solo 300.000 dólares para cuando se descubrió la estafa. Puesto que Lippman tenía acceso a ambas cuentas, controlaba cuando y si los cheques se cobraban, manteniendo así la apariencia de éxito.

Finalmente, Lippman presentó gastos de empresa que en realidad eran sus propios gastos personales. Debido a que estos pagos estaban clasificados como reembolsos, ello proporcionó a RRA una reducción de impuestos y a Lippman pagos libres de impuestos. Lippman había evitado de forma fraudulenta impuestos sobre la renta en lo que debería haberse declarado como sus ganancias.

Lippman fue condenado en ultima instancia a tres años por conspirar para violar la Ley Federal sobre Campañas Electorales (FECA), por defraudar a los Estados Unidos y por defraudar a una institución financiera. No obstante, Lippman no era el único que estaba llevando a cabo esquemas ilegales en RRA.

Y OTRO PONZI MÁS

El esquema Ponzi de Scott Rothstein tenía todos los elementos para una película de hollywoodiense. Dar una patada a una piedra implicaba que de ahí saliese otro esquema Ponzi. Estaba el esquema Ponzi de Rothstein, los acuerdos firmados gracias a los cuales los inversores supuestamente ganarían inmensurables beneficios. Pero había muchas otras estafas dentro de los muros de RRA, y fuera de ellos también. Cada capa de engaño nueva hacía más y más difícil hacerse con los detalles. Cuando Rothstein necesitaba más dinero de nuevos inversores para mantener vivo su esquema, de ahí nacía otro fraude. Él lo denominaba sub-Ponzi.

GEORGE LEVIN Y FRANK PREVE

Los administradores del fondo de cobertura de Fort Lauderdale, George Levin y Frank Preve, dirigían Banyan Income Fund, a través del cuál invirtieron en los «acuerdos» de Rothstein. En dos años, supuestamente habían estafado 157 millones de dólares a 173 inversores.

Levin y Preve compraron pagarés de Rothetein para la empresa de Levin, Banyan 1030-32, LLC, un fondo subordinado en el esquema de Rothstein y su mayor contribuidor. Cuando el fondo de Rothstein se fue a pique, el suyo cayó detrás.

Desde julio de 2008 hasta octubre de 2009, Preve y Levin vendieron pagarés a los inversores a través de Banyan Income Fund, con la promesa de un rendimiento fijo que oscilaría entre el 12% y el 30%. Sus ganancias provenían de la diferencia entre el conocido rendimiento de los acuerdos extrajudiciales estructurados de Rothstein y el rendimiento prometido a sus inversores.

Su memorando de oferta describía la estrategia de inversión en el fondo como una continuación de una que habían realizado durante los últimos dos años y medio, y que llegaron a contribuir con más de mil millones de dólares en los acuerdos estructurados de Rothstein. Sin embargo, pasaron por alto añadir que la mitad de esa cantidad fue tardía y aún estaba pendiente. Además, sabían que la capacidad de Rothstein para pagarles dependía de la obtención por parte de este de capital nuevo.

A menudo, los acuerdos entre Rothstein y Banyan no quedaban por escrito. El caso de la Comisión de Bolsas de Valores dejaba reflejado que Preve era plenamente consciente de que el fondo de Rothstein era una estafa. Sustentaron su suposición en muchos de los correos electrónicos entre ambos, incluyendo este de Preve:

Julio de 2008

«Faltan documentos....no van a desaparecer, así que alguien tiene que

hacerlos...........además ya estás retrasando nuestra auditoría porque no puedo decirle a todo el mundo que soy un completo idiota por mandar millones de dólares sin nada que lo justifique excepto unos correos que dicen "Eh, Guido, envíame 5 millones...........tengo un trato buenísimo para ti».[1]

ROTHSTEIN LES INDICÓ que necesitaba 100 millones para retomar los pagos. Basándose en esto, Levin y Preve hicieron justamente eso, recaudaron 100 millones de dólares entre mayo y octubre de 2009, a sabiendas durante todo ese tiempo de que estaban conduciendo a los inversores a una inversión inútil simplemente para que les devolvieran su dinero. Al final, los 100 millones no fueron suficientes. Cuando el esquema de Rothstein se hundió en octubre de 2009, se llevó la contribución de estos junto con el dinero de los inversores.

Su esquema se vino abajo junto con el de Rothstein. Se enfrentaron a numerosas violaciones del mercado de valores, aunque recientemente se han retirado muchos de esos cargos.

REPERCUSIÓN

La completa cooperación de Rothstein no solo implicó perder todas las ganancias obtenidas de forma ilícita, sino también los activos que había comprado con dicho dinero. La lista incluía una cantidad obscena de coches, entre los que figuraban Lamborghini, Ferrari, Maserati, Bugatti, Bentley, Corvette, Mercedes, Ford Expedition Limousine, Rolls Royce y un Cadillac Escalade. También había por la lista un par de motos Harley Davidson. Rothstein no tenía por qué limitarse en sus elecciones cuando se trataba de dinero ajeno. Simplemente compró lo que quería sin pensárselo dos veces.

La locura consumista de Rothstein no se limitaba a los coches. Tenía un yate de veinticinco metros, *Princess Kimberley*, en honor a su mujer. También contaba con otro número considerable de barcos, entre los que se incluían un Sea-Ray, un Nor-Tech Super-Cat, un Riva Aquariva y un par de motos de agua Yamaha. Su preciada colección de relojes estaba valorada en más de un millón de dólares, y sus extensas propiedades inmuebles incluían residencias en primera línea de playa. Es fácil ver por qué se quedó sin nada.

Su mujer, Kim, una ex-agente inmobiliaria y segunda de Rothstein durante más de doce años, aparentemente ayudó a entregar los activos, pero pareció olvidar algunos. Por supuesto, eran simplemente muchos activos, y era difícil seguir la pista a todos, especialmente con los agentes federales pululando por su casa.

Casi todo lo habían comprado con dinero de los inversores, de modo que a Kim no le quedo casi nada. Kim y su amiga Stacie Wiesmann vieron horrorizadas como peinaban los agentes federales la casa de Rothstein, incautando cualquier objeto de valor.

Mientras buscaban, Kim escondió más de un millón de dólares en joyas, entre las que se incluía su anillo de compromiso, con un diamante amarillo, de 12 quilates y valorado en 450.000 dólares. Entregó las joyas a Weismann y le pidió que las vendiera por ella. Kim aún se tambaleaba por el asombro de pasar de multimillonaria a la mendicidad en menos de 24 horas. Vender las joyas le daría algo con lo que vivir mientras determinaba su siguiente movimiento.

Stacie intentó vender el anillo de diamantes de Kimberly a un joyero, Sam Daoud, supuestamente a través del empresario de Miami Eddy Marin. Tuvo éxito al vender algunas de las joyas pero entonces tuvo dificultades a la hora de ocultar el dinero. No iba a depositar el dinero en un banco. Además, incluso si aún no habían congelado las cuentas bancarias de Rothstein, Kim tampoco podía guardar el dinero en el banco. Kim entonces contrató los servicios del abogado Scott Saidel, quien depositó el dinero en la cuenta fiduciaria de su bufete.

No pasó mucho tiempo hasta que las autoridades descubrieron el plan. El abogado Scott Saidel fue acusado por conspiración e inhabilitado cuando se reveló que había ayudado a Kimberley Rothstein a ocultar las ganancias por la venta de las joyas. En octubre de 2013, fue condenado a tres años de prisión.

La red de daños colaterales del esquema de Rothstein fue incluso más amplia. Sam Daoud y Eddy Marin fueron acusados por obstrucción a la justicia y perjurio por formar parte en el intento de desviar y ocultar las joyas de Rothstein. Ambos se declararon culpables justo antes de la fecha fijada para su juicio el 21 de octubre de 2013. Cada uno se enfrenta a una posible sentencia de prisión de hasta veinte años, aunque es muy probable que las condenas se verán reducidas.

Kim Rothstein se declaró culpable por los cargos de conspiración. Tras varios aplazamientos, recibió una sentencia de prisión de dieciocho meses el 12 de noviembre de 2013. Ese mismo día, su amiga Stacie Weismann fue condenada a tres meses de prisión, nueve meses de arresto domiciliario y tres años de libertad vigilada.

Unos días antes de la condena de Kim, presentó los papeles del divorcio, alegando que Scott la había agredido verbal y físicamente. Afirmaba que Scott le prohibía salir de casa después de las seis de la tarde, y cuando salía era solo si la acompañaba un guardaespaldas. Declaró no saber nada acerca de las finanzas de Scott o de su esquema. Kim afirmó además que fue Scott quien la instruyó, a través de cartas codificadas desde prisión para que hiciese que alguien de confianza vendiese las joyas.

EL JUEGO DE LA SUMA CERO

Es difícil separar la verdad de la ficción cuando se trata con un artista de las estafas Ponzi. Después de todo, el engaño subyace a todo lo que hacen. Aunque Scott Rothstein aparentemente ha cooperado y lo sigue haciendo con las autoridades, podemos estar seguros de que lo hace por su propio interés. Mientras que su confesión incluía acusaciones contra sus socios, dichas aserciones requerirían de corroboración independiente con otras pruebas.

Las víctimas de Scott Rothstein se arrepentían sin lugar a dudas de haber cruzado sus caminos con él, pero por un giro del destino, al final es posible que resultasen las víctimas de una estafa Ponzi más afortunadas. En un plan de liquidación de julio de 2013 aprobado por un juez del sur de Florida, el síndico devolvería las contribuciones originales de los inversores como parte de un compromiso acordado entre el síndico y los acreedores. Aún con la mala suerte de haberse visto inmersos en el esquema, son posiblemente las únicas víctimas de un esquema Ponzi en la historia que han recuperado el cien por cien de su dinero.

Además de rastrear y asegurar el capital original aportado por los primeros inversores que retiraron más dinero del que invirtieron originalmente, el síndico podía prevalecer en detrimento del gobierno de los Estados Unidos por las ganancias de los activos perdidos.

Aunque es un golpe maestro el hecho de que los inversores recuperen todo su dinero, ello no elimina el tiempo y el estrés que conlleva el litigio, ni reemplaza el beneficio por la inversión que habrían ganado mientras que su capital estaba comprometido, ya fuese con Rothstein o durante el proceso judicial. Sin embargo, es un resultado radicalmente beneficioso en comparación con cualquier otro esquema Ponzi del que se tenga constancia.

PONZI #4—TOM PETTERS

Particulares de la estafa Ponzi
Tom Petters
Tema
Petters Warehouse Direct, Petters Group Worldwide, reventa
de electrónica de consumo a grandes superficies
Estafa
3.700 millones de dólares
Beneficio prometido
11% mínimo anual
Inversores estafados
20.000
Fecha en la que se descubrió
2008
Dónde
Minnetonka, Minnesota
Condena
50 años

MINNETONKA, MINNESOTA—SEPTIEMBRE DE 2008

Tom Petters siempre tenía un truco para decir a la gente lo que quería oír. Había aprendido hacía mucho tiempo que la gente rara vez comprobaba sus afirmaciones. Si lo hacía, de acuerdo. Siempre tenía una explicación lista, y documentación inventada para respaldarla.

No obstante, atraer a más inversores casi constituía su mayor problema en ese momento.

Deanna Coleman, vicepresidente de operaciones en Petters Company, Inc., se sentó frente a él en la oficina. Le acababa de decir que quería dejarlo. Había estado con él quince años, prácticamente desde el inicio. Él no podía permitir que alguien que sabía tanto simplemente se fuese.

—Deanna, tómate unos días de descanso.

No iba a irse de la lengua, la conocía muy bien. Pero aún así, no tenía sentido. Había ganado más de 300.000 dólares al año, y sus primas anuales alcanzaban las siete cifras. Nadie dejaba todo eso sin razón alguna.

Silencio.

—Vamos, Deanna —Se estiró a lo largo del escritorio para dar unos golpecitos sobre su mano.

Deanna apartó la mano. Se cruzó de brazos y suspiró.

Raro. Ni siquiera lo miraba.

—¿Qué quieres decir entonces, que no quieres trabajar más aquí? ¿Tras quince años de dinero fácil? No podía creerlo.

—Una semana, lo que sea. Ve a tu casa de Costa Rica, me da igual. Recobra la compostura.

Deanna se limitó a negar con la cabeza.

—De acuerdo, Las Vegas. Cárgalo a la American Express de la empresa. Verás las cosas de otra manera después de un pequeño descanso.

Después de todos esos años y de todo lo que han pasado juntos, no la había visto peor que en ese momento. ¿Por qué iba a abandonar lo mejor que le había pasado jamás? No tenía sentido.

Robert Dean, director financiero de Petters, permaneció en la puerta, detrás de Deanna, escuchando.

–Tom, te lo dije, no. No puedo hacerlo –Seguía evitando su mirada; prefería mirar al suelo.

–¿Qué diantres te ha pasado?

Silencio.

–Deanna, no puedo ayudarte si no me lo cuentas. ¿Qué quieres? ¿Un aumento? ¿Cuánto?

Desde que llegó a la empresa en 1993 como su primera empleada, Deanna había pasado de directora de oficina a vicepresidenta de una sociedad matriz con participaciones dominantes en Polaroid y Sun Country Airlines. No pensaba que quisiese más dinero, pero, ¿qué otra cosa podía ser?

–No quiero dinero, solo quiero que esto pare. Es demasiado grande, y está fuera de control –Empujó los papeles sobre el escritorio hacia Petters.

–No, no lo es –dijo Petters.

Puede que Deanna no necesitase dinero, pero la empresa necesitaba más para evitar la ruina financiera.

Empujó la orden de compra de nuevo hacia ella.

–Añade otro cero. Nadie va a cuestionar la cantidad de una orden de compra de Costco.

–No, ya no puedo hacerlo más. Hazlo tú mismo –Dejó caer el bolígrafo sobre el escritorio y se cruzó de brazos.

Tenía que descubrir por qué estaba Deanna actuando de esa forma tan extraña, pero primero, necesitaba papeles que respaldasen el nuevo pagaré preparado y enviado al administrador del fondo de inversión en Lancelot, quien a su vez haría una transferencia a cambio. Necesitaban ese dinero aquel día. Esa orden de compra y el resto de la documentación de respaldo era todo lo que se interponía entre él y el dinero.

–Yo me hago cargo –Robert agarró el documento–. Puedo hacerme cargo de las cosas de Deanna. Yo haré la orden de compra y las facturas.

–Gracias, Robert.

Robert Dean White, como director financiero de Petters, era la otra persona en el círculo cercano a Petters en quien podía contar, aunque no confiaba en él hasta el punto de lo que confiaba en Deanna. Ella era la única persona en quien confiaba completamente. Él la necesitaba a ella más, se percató, de lo que ella lo necesitaba a él. Especialmente ahora, que no tenía nuevos inversores.

No podía pagar muchos de los pagarés que se habían cumplido, y tampoco quería responder a las preguntas de ningún inversor. Deanna siempre había mantenido ese tipo de cosas a raya. Giró la mirada hacia Robert.

–¿Hiciste la transferencia a Lancelot?

Era parte de su plan para volver a ser solvente. Sin fondos con los que pagar los pagarés vencidos, se le había ocurrido una alternativa. Cuando el fondo de cobertura Lancelot transfería el dinero de nuevos inversores a Petters Company, Inc. (PCI), PCI le devolvía inmediatamente el mismo dinero a Lancelot, pero declaraba que era para el pago de varios de los pagarés. Dicho pago comprendía el montante original más un plus adicional lo suficientemente generoso para igualar los beneficios prometidos.

El administrador de Lancelot estaba en el ajo. Sus tarifas por administrar las inversiones se sustentaban en las inversiones totales, y sin capital nuevo, no cobrara nada. Este tejemaneje se estaba complicando, pero Robert parecía muy seguro de sí mismo al respecto.

Robert asintió.

–Mañana será demasiado tarde. Necesitamos el dinero ahora.

–Relájate, tiene sentido. No podemos transferirles exactamente la misma cantidad que ellos nos enviaron. Parecería demasiado obvio.

–De acuerdo, ahí llevas razón –asintió Petters.

Petters se levantó y dio una palmadita a Deanna en el hombro cuando se dirigía a la puerta. Tenía que empezar a moverse si iba a tomar su vuelo a Las Vegas en menos de dos horas.

–¿Lo ves? Todo va bien.

Deanna se apartó de golpe, como si Petters tuviera la peste o algo. Se estaba comportando de un modo que asustaba. Se giró hacia Robert, quien le extendía la orden de compra falsa.

–No está mal –Petters pasó el dedo sobre los ceros de la orden–, pero añade otro cero. Después de todo es Costco.

PRIMEROS AÑOS

Mucho antes de convertirse en el mayor estafador Ponzi de Minnesota, Petters tenía un don para las ventas. Joel Alsaker, su jefe en una tienda de electrónica, decía de Petters: «Tenía tanto talento, no se puede pasar por alto ese hecho. Podía hablarle a tu cartera desde fuera del bolsillo».

Petters aplicó su talento con su antiguo jefe, pidiéndole prestados 7.900 dólares y no devolviéndoselos jamás. Cuando Alsaker le pidió el dinero, fingió estar en bancarrota.

Alsaker no se conformó con un «no» y emprendió acciones legales. Petters llegó incluso a llamar al juzgado para anunciar que el caso estaba resuelto, de modo que se debería cancelar la fecha del juicio. Cuando aquello no funcionó, no compareció el día de la vista. Ese era primer un ejemplo de cómo funcionaba Petters, daba la vuelta a todo en su beneficio sin conciencia.

En otro incidente previo al inicio de Petters Company, Inc. en 1991, Petters falsificó una guía de embarque como «prueba» de que había enviado un pago. Aunque nunca lo condenaron por fraude al falsificar la guía de embarque, le ordenaron pagar.

EL ESQUEMA

Petters comenzó vendiendo productos de liquidación y excedentes a través de Petters Warehouse Direct en 1995. La empresa originariamente operaba en varias tiendas de Minnesota, vendiendo electrónica de consumo. En 1998, Petters se expandió a las ventas por internet a través de Red Tag, Inc. Para el año 2000, se había pasado la las ventas exclusivamente por internet, a través de Redtagbiz.com, una sociedad con Fingerhut Companies, Inc., una empresa de venta por catálogo.

Petters recaudó capital para financiar las compras de productor extendiendo pagarés a los miembros del público, alegando que las ganancias de la venta de los pagarés se emplearía para «financiación del inventario de las órdenes de compra». Afirmaba que la financiación salvaba las distancias entre la fecha de compra de las manufacturas, que requerían pago por adelantado, y el pago recibido de los vendedores 180 días después. Los vendedores no pagaban hasta que recibían los bienes. Petters afirmaba que su empresa compraba electrónica con un gran descuento y que después revendía esa mercancía a los mayoristas llevándose beneficio.

Los pagarés resultaban muy atractivos a los inversores. Pagaban un beneficio anual de al menos el 11% y aparentemente no había riesgo. Cada pagaré estaba respaldado con la mercancía comprada subyacente como aval. Petters proporcionó documentos que incluían los detalles de la mercancía comprada, copias de las órdenes de compra de los vendedores y las solicitudes de financiación de Petters Co., el comprador de la mercancía. Dado que las órdenes de compra del vendedor eran de mayoristas como Costco y Wal-Mart, parecía una inversión muy segura.

Nadie se molestó en preguntar por qué vendedores a nivel global con logística de primera categoría, poder de compras global y con márgenes minúsculos comprarían a trabes de un intermediario más pequeño como Petters, quien añadía al menos el coste de financiación del 11%. Tampoco se preguntaron por qué Petters era incapaz de establecer crédito con el fabricante, un acuerdo comercial normal. Además, Petters no compraba la mercancía directamente del fabricante. En su lugar, provenía de dos empresas con nombres bastante interesantes: (Enchanted Family Buying Co. («*Enchanted*», en español, «encantado») y Nationwide International Resources («*Nationwide*», en español, «a nivel nacional»).

Enchanted y Nationwide eran empresas falsas, ambas creadas con el único propósito de dirigir el dinero a través de otra para que pareciese que Petters estaba comprando mercancía. Michael Catain, que vivió en una calle llamada Enchanted Point, recibió fondos en Enchanted y después devolvió el dinero a Petters después de extraer una parte por las molestias. Larry Reynolds blanqueó capitales a través de Nationwide empleando el mismo proceso. No fue un acuerdo del todo transparente.

En cualquier caso, el rendimiento que ofrecía la inversión era atractivo, de modo que los inversores estaban contentos y el negocio floreció. Pronto Petters se expandió a nivel internacional, y vendía sus pagarés tanto a fondos de cobertura como a inversores particulares.

Lancelot Investors Fund era uno de esos fondos, iniciado por Gregory Bell a través de Lancelot Management en 2001. Ese acuerdo era incluso mejor para Petters. Aunque tenía que pagar a Bell una parte de las ganancias, ello significaba que podría ganar mucho más dinero sin perder el tiempo en encontrar nuevos inversores. Eliminaba, además, la necesidad de mantener contacto directo con los inversores individuales.

Petters y Bell se conocieron antes de 2001, cuando Bell trabajaba para otro fondo de cobertura que había invertido en pagarés. Para agosto de 2008, Petters y Bell se habían hecho con más de 2.600 millones de dólares provenientes de miles de inversores, entre los que se incluían los individuales, los planes de pensiones, sociedades anónimas y fondos de cobertura. Bell ganó en comisiones por las transacciones casi 250 millones de dólares.

Según parecía ser, Petters era un hombre de negocios exitoso. Había dirigido su propia empresa desde 1988 y su fortuna creció cuando adquirió otras empresas, tales como Fingerhut Direct en 2002, uBid en 2003, Polaroid Company en 2005 y, finalmente, Sun Country Airlines en 2006. Consiguió todo eso a pesar de las múltiples condenas por fraude que datan desde 1989.

Bell pronto se enteró de las condenas por fraude de Petters. Se lo ocultó a los inversores, puesto que él también tenía algunos trapos sucios en el armario. Lacelot Funds no estaba registrada en la Comisión de Bolsas de Valores, y sus ganancias, obtenidas de forma sospechosa, estaban al final dirigidas irónicamente a Blue Sky Trust[1], con sede en las Islas Cook.

Las leyes de Blue Sky son las leyes bursátiles estatales de Estados Unidos diseñadas para proteger al público del fraude. El nombre se originó a principios de la década de 1990, cuando se promulgaron para proteger a la gente contra promotores, que no eran trigo limpio, que prometían «esquemas especulativos que no se sustentaban en nada más que muchos metros de cielo azul (en inglés, *blue sky*)». En aquel momento, a menudo se embaucaba a los inversores con afirmaciones fraudulentas de descubrimientos de crudo y oro, y otros esquemas destinados a hacerse rico rápidamente. Las leyes bursátiles estatales eran las precursoras de las leyes bursátiles federales y de la Comisión de Bolsas de Valores.

EL MODUS OPERANDI

Aunque Petters comenzase el esquema muchos años antes de conocer a Bell, despegó realmente cuando Bell comenzó a canalizar capital a Petters desde su Lancelot Funds. Entre octubre de 2002 y agosto de 2008, sus fondos invirtieron más de 2.600 millones de dólares en los pagarés de Petters.

La empresa de Bell, Lancelot Management, cobró las tarifas de administración de Lancelot Funds por los servicios de asesoría en materia de inversiones. Ello incluía tanto una tarifa de administración del 0,5% y una tarifa de representación del 20%, calculadas en «beneficios de nuevas inversiones». Como Bell era el propietario de Lancelot, eso le granjeó 245 millones de dólares, a pesar de que sus servicios de asesoría consistían simplemente en entregar casi todo el capital invertido a Petters a cambio de los pagarés. Bell proporcionaba gráficas de rendimiento y estados financieros mensuales (manipulados, por supuesto) a los inversores de los fondos.

Según los términos de las informaciones confidenciales del Bell, lancelot otorgaría dinero a una empresa llamada Thousand Lakes LLC, que a cambio firmaría contratos con los llamados «vendedores», Enchanted y Nationwide. Añadir Thousand Lakes como intermediario hacía que pareciese como si las transacciones estuvieran a una cierta distancia, puesto que Thousand Lakes aparentemente era independiente de Petters y de su empresa. Ese ardid hacía que pareciese que se protegía al inversor y que gozaba de integridad financiera.

Lancelot entonces proporcionó los fondos a Petters Co. a cambio de las órdenes de compra «preexistentes» y jurídicamente vinculantes que Thousand Lakes había recibido de un mayorista.

Su funcionamiento real era que Bell enviaría simplemente un correo electrónico a Petters y le preguntaría si tenía algún acuerdo (o pagaré) disponible aquel día. Petters proporcionaba la orden de compra después de eso para que coincidiese cualquiera que fuese la cantidad de dinero que había disponible.

Entonces Lancelot entregaba los papeles, incluyendo el pagaré y las copias del recibo de los vendedores (Enchanted o Nationwide) y la orden de compra de los mayoristas. Lancelot pagaba a Thousand Lakes con el dinero de los inversores, de modo que Thousand Lakes pudiera pagar a los vendedores. Los vendedores entonces, supuestamente, enviaban los bienes a los mayoristas.

Bell dijo a los inversores que había utilizado dispositivos de control para salvaguardar el dinero, incluyendo una caja fuerte. Afirmaba que el dinero de los inversores se transfería directamente a los vendedores y que los reembolsos se recibían directamente de los mayoristas. En esencia, Thousand Lakes era una caja fuerte, y aseguraba a los inversores que Petters no manejaba el dinero directamente. El dinero se pagaba a Petters Co. desde la caja fuerte solo después de que se hubiese completado la transacción y que los mayoristas hubiesen realizado el pago en su totalidad.

No había nada más lejos de la realidad. Mientras que el dinero de los inversores sí que circulaba a través de Thousand Lakes, los pagos de los mayoristas no. Estos provenían directamente de Petters Co., y Bell no tenía potestad en los acuerdos de Petters con los mayoristas. Cuando Bell preguntó a Petters al respecto, no recibió una explicación que lo satisficiera. Sin embargo, no iba a poner en peligro sus comisiones porque eran demasiado lucrativas. Poco después, Bell se saltaba los pasos de más y se limitaba a enviar el dinero de Lancelot Funds directamente a Petters Co. Aquello contravenía directamente las declaraciones hechas a los inversores de Lancelot.

Incluso en el punto álgido de la crisis financiera, el esquema seguía funcionando, aunque el dinero iba escaseando. Lancelot Funds continuó invirtiendo todo en el esquema de Petters. Los inversores de Bell contribuyeron con otros 243 millones de dólares en los ocho mese que hay entre enero y agosto de 2008.

Aunque el dinero continuó llegando a Lancelot Funds y después se dirigía a Petters, se necesitaba más dinero que nunca. El creciente gasto de Petters sumado a los pagos por las generosas tarifas de Bell aumentó hasta tal punto que el esquema Ponzi estaba en peligro de desmoronarse.

Bell explicó a sus inversores que tenía su caja fuerte en orden, que había confirmado las entregas a los mayoristas y que había inspeccionado los almacenes de los vendedores. Era una mentira descarada. Bell no solo había descubierto el pasado delictivo de Petters, sino que además se percató de que Petters estaba valiéndose del dinero de los inversores para financiar la compra de Polaroid Corporation.

Bell proporcionó 360 millones de dólares de Lancelot Funds para ayudar a Petters a financiar la compra de Polaroid. Eso no era parte del mandato de inversión dado en los Memorandos de Información Confidenciales del Lancelot Funds o en los convenios de funcionamiento, y él lo sabía.

Petters y Bell modificaron pagarés pendientes para ocultar el dinero que se había pagado y nunca revelaron la financiación de Polaroid a los inversores de Lancelot. Bell sabía que si se salía del esquema, perdería los cientos de millones de dólares de las tarifas que aún le debía.

En diciembre de 2007, con el objetivo de evitar el colapso del esquema, Petters y Bell acordaron extender todos los pagarés 90 días, pero no comunicaron la decisión a los inversores. A pesar de esto, Petters aún no podía realizar los pagos en febrero de 2008, de modo que ambos crearon transacciones ficticias para hacer creer que los pagarés ya los habían pagado y que los habían sustituido por otros nuevos de igual valor. Crearon una pista de auditoría falsa enviando dinero desde Thousand Lakes, supuestamente para comprar más pagarés. Inmediatamente después (en algunas ocasiones en 30 minutos), Petters haría una transferencia del mismo dinero, supuestamente para pagar los pagarés cumplidos. Se crearon documentos para respaldar estos tejemanejes, como compras de inventario inexistente y ventas correspondientes a los mayoristas.

Petters y Bell realizaron supuestos pagos valorados en cientos de millones de dólares, y después dividieron el pago de Petters en dos transferencias con un día de diferencia para que el chanchullo no fuese demasiado obvio. En los seis meses que precedieron el colapso del esquema, Bell y Petters realizaron ochenta y seis de esas transferencias de ida y vuelta.

Toda esta actividad originó una mayor complejidad en los estados mensuales de los inversores, puesto que todo aquel tejemaneje debía quedar registrado de algún modo, y con cada pagaré que también ganaba interés. A menudo los inversores pedían detalles acerca de los pagarés nuevos, de modo que Bell se inventaba hojas de cálculo con la contabilidad detallada de las inversiones y de los intereses a pagar.

Se estaba haciendo más difícil de rastrear conforme creaba una capa de transacciones ficticias sobre la otra. Bell se preocupó. Desde febrero a agosto de 2008, transfirió gran parte de su dinero de la empresa a cuentas bancarias suizas.

Sin embargo, Bell no fue el único. Los empleados de Petters, muchos de los cuales habían estado con él desde el principio, también estaban viviendo ese ajetreo.

EL SOPLÓN

Deanna Coleman comenzó con Petters en marzo de 1993 y era su empleada más antigua. Finalmente dio el chivatazo y posteriormente testificó que todo había sido una treta desde el inicio. El mismo Petters se había referido a ello como un esquema Ponzi de puertas adentro.

Una de sus principales obligaciones era inventarse recibos que debían pagar a las dos empresas fantasma. Los recibos falsos proporcionaron una pista de auditoría falsa para desviar la atención de las fugas de capital reales. En lugar de pagar a los proveedores inexistentes, el dinero iba en realidad directamente a los bolsillos de Petters y de sus socios, o cuando era necesario, para pagar a los primeros inversores.

Petters creaba una compra falsa de digamos, 1,5 millones de dólares. Un inversor no dudaría en invertir un millón, especialmente cuando el dinero que recibía PCI de un cliente muy conocido como Costco cubría más que de sobra el pagaré. PCI pagaría al inversor el interés por el pagaré y el resto supuestamente era beneficio.

Había muchas señales que indicaban problemas; ojalá los inversores se hubiesen molestado en mirar. Muchos inversores potenciales que realizaron la diligencia debida descubrieron un rastro de engaños y disgustaron a los antiguos socios. Uno se enteró de que Petters había mentido sobre su educación en un cuestionario de Dun & Bradstreet. A pesar de haber completado solo un semestre en la Universidad Estatal de St. Cloud, él decía tener un grado. Otro inversor llamó a un cliente de PCI para que le verificasen de forma independiente las órdenes de compra y descubrió que eran falsas. Desafortunadamente, los inversores potenciales no alertaron a las autoridades, y dejaron que el fraude siguiese adelante sin que nadie lo investigase hasta que Deanna Coleman dio el soplo y se entregó a la policía.

Incluso la gente que estaba recelosa por el encanto de Petters acabó por participar. Era generoso en extremo, con lo que ahora sabemos que era dinero ajeno. Organizó fiestas elaboradas y mostró los ornamentos de la riqueza. Tenía al menos cinco residencias y conducía un Bentley, y sus gastos mensuales excedían los 200.000 dólares. Había utilizado, además, el dinero de los inversores para sus adquisiciones empresariales, como Polaroid y la mayoría de acciones de Sun Country Airlines.

Aparte de las lujosas compras de Petters, tenía algo más en común con muchos artistas de los esquemas Ponzi: hizo grandes donaciones a la caridad. Parecía ser un generoso benefactor y filántropo. Su generosidad, con el dinero de otros, no conocía límites.

Donó fundamentalmente a universidades y escuelas profesionales: 10 millones de dólares a la Universidad de Miami, 12 millones de dólares a Rollings College y 2 millones de dólares a Saint John's Abbey en la Universidad de Saint John. Una donación de 5,3 millones de dólares al College of St. Benedict le granjeó que añadieran su nombre al Thomas J. Petters Center for Global Education. También creó la John T. Petters Foundation, en honor a su hijo, a quien asesinaron en Italia al entrar ilícitamente en una propiedad privada.

Las considerables donaciones que robaba del dinero de los inversores alimentaba su ego. Como muchos otros estafadores, a Petters le gustaba ver su nombre inmortalizado. Puede que también hubiese donado dinero a las universidades como una forma de superar la vergüenza que sentía por abandonar sus estudios. Quizás tuviera algo que demostrarse a sí mismo y a los demás, y las donaciones eran una forma de demostrar su éxito a pesar de carecer de título universitario.

COMISIONES

Algo esencial en el esquema de Petters era contratar a otras personas para que encontrasen nuevos inversores y capital para el negocio, igual que acordó con Bell. No estaba escaso de esos agentes debido a las generosas comisiones que pagaba, incluyendo una de 42 millones de dólares a otro socio, James Nathan Fry. Los inversores potenciales bien podían tener dianas en las espaldas.

Frank Elroy Vennes Jr. Era también uno de los agentes más activos de Petters. Vennes, un exestafador, se asoció con Fry para crear dos fondos de cobertura bajo el nombre de Arrowhead Funds. Fry era la cara del negocio y Vennes actuaba desde bastidores. No era probable que los inversores potenciales invirtiesen con un exestafador que había sido condenado en ocasiones anteriores por blanqueo de capitales, posesión de armas de fuego y de narcóticos[2].

A los inversores potenciales se les decía que Arrowhead prestaba dinero a Petters (PCI) para financiar sus compras de inventario, las cuales revendían posteriormente a las grandes superficies. A cambio del dinero, PCI entregaba pagarés a Arrowhead.

Mientras tanto el estilo de vida de Petters y sus socios se tornó más y más extravagante. Conducían coches sofisticados y se tomaban exóticas vacaciones y viajes pagados a las Vegas para jugar todo a costa de la empresa. Todas las compensaciones pecuniarias ponían a Deanna Coleman en una tesitura difícil para decir la verdad, especialmente al principio. No solo disfrutó de los coches y de las vacaciones, incluso hizo que PCI pagase a su hermano y a su novio 1,2 millones de dólares para alzar bienes durante su divorcio en 2007.

TRAICIÓN

La mayoría de los esquemas Ponzi se descubren cuando se acaba el dinero. El esquema de Petters se descubrió antes de llegar a ese punto cuando Deanna Coleman se convirtió en una soplona. Expuso la estafa en septiembre de 2008 a cambio de una declaración de culpabilidad negociada. Coleman además resultó ser la examante de Petters y una pieza clave en el esquema.

Coleman llevaba un micro para obtener pruebas suficientes para condenar a Petters, Bell y lo otros. En una de las transmisiones por micrófono, Petters le dice a Coleman que «cada uno de ellos tiene distintos niveles de lo que pueden obtener».

Supongo que esa frase se puede leer de dos maneras diferentes.

Petters recaudó más de 4.000 millones de dólares a través de Arrowhead, Lancelot y otros fondos de inversión. El dinero de los inversores depositado en esos fondos se utilizaba de nuevo para perpetrar la estafa de Petters. Este compró otras empresas legítimas como PDC (sucesora de Polaroid) y Sun Country Airlines con las ganancias obtenidas de forma ilegal.

Su intriga no conocía barreras. Incluso creó órdenes al por menor fraudulentas de las empresas adquiridas, que utilizaba para exagerar sus ingresos y sus cuentas por cobrar. Las cantidades exageradas le permitieron endeudar a las empresas con grandes préstamos, que redirigió para su propio uso.

Petters dirigía un enorme conglomerado que poseía o controlaba 60 empresas con operaciones a nivel global y que contaba con más de tres mil empleados. En 2007, el año anterior al descubrimiento del esquema, las ganancias anuales consolidadas fueron de 2.300 millones de dólares.

Como consecuencia directa del esquema, Sun Country Airlines entró en concurso de acreedores, al igual que PDC. Además de los inversores arruinados, mucha gente perdió su empleo.

PONZI #3—ALLEN STANFORD

Particulares de la estafa Ponzi
Robert Allen Stanford (Allen Stanford)
Tema
Stanford International Bank, certificados de depósito
Estafa
7.000 millones de dólares estadounidenses
Beneficio prometido
Rendimiento medio de 12% anual
Inversores estafados
50.000
Fecha en la que se descubrió
2009
Dónde
Antigua y Estados Unidos
Condena
110 años

HOUSTON, TEXAS—JUNIO DE 2012

ALLEN STANFORD ESTABA FURIOSO, AUNQUE INTENTABA NO HACERLO evidente. Perder los nervios solo se interpondría en medio de lo que quería y necesitaba en aquel justo momento: compasión. Ese era el momento de la verdad. ¿Su condena sería de cinco años o de treinta? Treinta era imposible, puesto que ya tenía sesenta y dos años. El juez Hittner era diez años mayor que él. Deseaba que la edad actuase en su favor para la condena.

Sin embargo, el juez Hittner era un antiguo soldado y *Eagle Scout*; hacía las cosas de acuerdo con el procedimiento. Su costumbre de ceñirse a unas pautas estrictas no auguraban nada bueno, pensó Stanford, mientras comenzaba a sudar. Por otro lado, no había matado a nadie. Perder un poco de dinero en realidad no implicaba que mereciese ir a prisión.

Stanford exhibió lo que esperaba que fuese una sonrisa zalamera y centró su atención en el juez. Llevó cuidado de no sonreír demasiado, por temor a que surgiese la sonrisa de suficiencia que tanto lo caracterizaba. Se decantó por una mirada que expresaba remordimiento y que pretendía ser agradable. Por descontado que el juez tomaría en cuenta todos los factores.

Aquel juicio fue la injusticia personificada. No pudo conseguir representación jurídica decente, y sus famosos delitos se habían exagerado sobremanera. Su banco había sido real, no un ardid como aquellos otros esquemas Ponzi con los que lo comparaban, pero nadie parecía entenderlo.

Stanford no pudo hacer nada con los cargos, puesto que ya lo habían condenado en treinta ocasiones por conspiración y estafa telefónica y postal. Se las había apañado para retrasar el juicio durante más de tres años, pero la condena solo durante tres meses. Había deseado que todo quedase en el olvido; sabía que cuanto más tiempo pasase, probablemente más indulgente sería la condena. Puede que la gente no olvide, pero algunos morirían mientras tanto, o al menos seguirían adelante con sus vidas.

Era imposible que siguiera con su vida normal, pensó, cuando analizó la concurrida sala. ¿Quién era toda aquella gente? Volvió a dirigir su pensamiento a la condena potencial. Que la condena fuese lo más corta posible, por favor, pues no pretendía pudrirse en prisión con un puñado de matones. La fiscalía pidió la máxima condena, una absurda pena de doscientos treinta años. No había forma de que pudiera con ello, ni debería.

Las condiciones de prisión eran simplemente deplorables. Podría soportar cinco, quizás diez años como máximo. Con una actuación lo suficientemente convincente, sabía que podía ir restando años, quizás incluso décadas. Por descontado que era posible reducir su condena a algo más razonable.

¿Por qué insistía la gente en llamarlo otro Madoff? No tenía nada que ver con él. A diferencia de Madoff, él había invertido en activos reales, no ficticios. Hasta que el gobierno lo obligó a echar el cierre, tenía un banco real. ¿Cómo podía un banco legítimo ser un esquema Ponzi? Los depositantes habían invertido su dinero con buena fe, en empresas reales. Sus intenciones eran buenas, de modo que, ¿cómo era posible que se tratase de una estafa?

Podría haber devuelto también el dinero a los depositantes, si el gobierno no se hubiese metido sembrando el pánico con sus estados financieros ni sus tácticas de Gestapo que hicieron que se iniciase la fuga de capitales de su banco. Son ellos a quienes deberían haber llevado a juicio.

Naturalmente, se libraron de la culpa, y él pagó el precio por la ineptitud de ellos. Nadie en la vista para su sentencia se preocupó siquiera de que otro preso desequilibrado le hubiese dado una paliza que lo dejó medio muerto. Ni tampoco sobre los posibles daños cerebrales que le infligió aquel salvaje. Apenas podía pensar. Había comparado su cerebro con el queso suizo después de documentarse sobre el daño cerebral. Le gustaba aquella analogía.

También había investigado los medicamentos para el estrés que le habían recetado los médicos. Algunos de ellos provocaban efectos secundarios desagradables. Había pagado con creces cualquier transgresión inintencionada. Nadie merecía sufrir de la forma que él lo había hecho en los últimos años; era quizás el más damnificado por todo aquel asunto.

Además, había despedido a media docena de abogados porque eran incompetentes, vagos o sedientos de dinero. Se hizo una nota mental sobre todos los errores que había cometido. Puede que hubiese fundamento para recurrir.

Allen Stanford respiró hondo y se centró en el juez con su expresión de integridad más convincente.

–Stanford era una institución financiera real. No soy un ladrón.

Esperaba que sus palabras sonasen lo suficientemente convincentes. Había estado practicando frente al espejo mientras que se afeitaba y pensó que las palabras daban buena impresión. ¿Cómo no reconocía el juez aquella pantomima de justicia?

Analizó al juez cuando terminó de hablar. Su expresión permaneció impenetrable, además de dirigirse a una mujer mayor que estaba de pie al inicio de una fila de doce personas o así que esperaban para hablar. Ahora tenía que escuchar a un puñado de personas interesadas llorar acerca de cómo arruinó sus vidas. Lo exageraron todo en sus victimistas declaraciones. Al menos ellos podían ver la luz del día. Él, por otra parte, se enfrentaba a años de prisión.

Incluso le habían dado la espalda sus empleados, que pactaron testificar a cambio de condenas más leves. James Davis, su antiguo compañero de habitación en la universidad y su más reciente gerente financiero en Stanford Group, lo había traicionado finalmente solo para salvar su propio pellejo. Ese fue el agradecimiento que obtuvo por darle un gran trabajo y una vida de opulencia.

Mientras tanto, los tres años que había pasado en prisión ya parecían más de treinta. Stanford salió de su ensimismamiento cuando el juez Hittner comenzó a hablar. Fijó los ojos en la boca del juez mientras éste describía los cargos.

A Stanford se le aceleró el pulso y se puso rojo. El tono negativo del juez era una mala señal. Sus piernas perdieron la fuerza cuando oyó la sentencia: ciento diez años.

PROBLEMAS EN EL PARAÍSO

La duración de la condena de Stanford probablemente se viese influenciada por el esquema de Bernard Madoff, que dio a conocer los apuros de muchas de las víctimas. Las pautas a seguir en cuanto a condenas federales también tienen en cuenta la magnitud de la pérdida, y la falta de remordimientos de Stanford tuvo que ser un factor significativo también.

Antes de que Robert Allen Stanford se viese a sí mismo con una condena de más de un siglo en el Coleman Federal Correctional Complex de alta seguridad de Florida, era uno de los residentes más respetados de Antigua. Sir Allen era un banquero multimillonario, nombrado el Hombre del Año en 2008 por la revista World Finance.

Su vida era idílica. El tiempo soleado, los vientos alisios del noreste y el críquet eran constantes en su vida diaria en Antigua, donde estableció sus operaciones de Stanford Financial Group.

Desde su llegada en 1998, se había atrincherado en todos los aspectos de la vida de Antigua. Su banco era la empresa que más empleados tenía en toda la isla después del gobierno antiguano. Stanford tenía su nombre en todo, desde el rejuvenecido campo de críquet hasta su Stanford International Bank. Sus fondos construyeron el hospital, y poseía una de las flotas de jets privados más grande del mundo.

Se convirtió en ciudadano antiguano en 1999, tras generosas contribuciones a la campaña para la reelección del primer ministro aquel año, y un préstamo de cinco millones de dólares libre de intereses al gobierno tras el huracán George, de categoría 4, que devastó la isla.

Probablemente hubiese cambiado el nombre de la isla por el de *Stanfordville* si hubiese podido; pero no había necesidad. Todos y cada uno de los 85.000 residentes de la isla lo conocían de vista, y comprendían implícitamente cuán importante era para su existencia diaria.

Stanford era más que simplemente importante: era vital para la economía local. Su riqueza neta de 2.200 millones de dólares era casi el doble del PIB anual de Antigua, de 1.200 millones de dólares. Difundió su dinero por ahí y con él, su nombre. Se ocupó de cosas de las que el gobierno no, o no podía, como revitalizar el Airport Cricket Ground. Aumentó la capacidad de asientos en cinco mil, asegurándose de que se cambiaba el nombre por Stanford Cricket Ground por las molestias.

Stanford también tenía una figura imponente. Con un metro noventa, sobresalía por encima de todos. Podía intimidar, y ciertamente estaba acostumbrado a obtener lo que quería. No le importaba si lograba sus objetivos debido a su estatura, posición social o demostración de riqueza.

El respeto y el poder se reducían a una cosa: la gente no te juzgaba por lo que hacías, sino por lo que poseías o controlabas. Lo más importante de todo era lo que podías hacer por ellos.

Allen Stanford siempre había vivido al límite de las normas, y siempre se había salido con la suya. ¿Por qué no debería? Se merecía cualquier cosa que pudiese obtener con riquezas. Lo que era bueno para Stanford, lo era para Antigua. Había descubierto a una edad temprana que la gente se lo creía casi todo, siempre y cuando quien lo dijera lo hiciese del modo adecuado, especialmente cuando era para su propio beneficio.

Si había dinero de por medio, casi podía olerlo. No importa cuán grande fuese la mentira, todo funcionaba del mismo modo; y si ibas a mentir, mejor que picases alto.

SIR ALLEN

Conforme las riquezas de Stanford se acumulaban, también comenzó a reinventarse. Aquel tejano comenzó a vestir *blazers* con escudo, a promover el críquet y pareció adquirir un vago acento británico en detrimento de su acento tejano.

En otoño de 2006, Stanford fue galardonado con el título de Caballero Comandante de la Orden de la Nación de Antigua y Barbuda[1]. Inmediatamente comenzó a denominarse «Sir Allen». Su transformación de tejano en aristócrata británico parecía completa.

Afirmaba que la reina Isabel II lo había investido, lo cual era falso. La única conexión fue que el príncipe Eduardo, el nieto de la reina, resultó estar presente en la ceremonia como parte de las celebraciones por el vigésimo quinto aniversario de la coronación de la reina. El título de Stanford fue otorgado por el gobierno antiguano, no por la reina. Como mentiroso patológico que era, sabía que casi nadie lo cuestionaría y que aún menos constatarían los hechos.

Poco después de llegar a la isla, Stanford comenzó a cultivar una imagen aristocrática. Sea lo que fuere de lo que careciese en credenciales antiguanas, pronto las obtuvo de otras formas. Para Stanford, ser respetable significaba filantropía y deportes de adinerados como el críquet. En 2008, organizó un importante partido entre Inglaterra y su propio equipo antiguano, los Stanford All Stars, en el que se demostraría quién es el mejor.

El partido, diseñado para atraer a equipos y jugadores importantes, se vanagloriaba de otorgar grandes riquezas, algo que nunca se había visto en el mundo del críquet. Ganar el partido convertiría en millonario a cada jugador del equipo vencedor.

El Stanford Cricket Ground, apodado *Sticky Wicket*[2], acogió varios partidos 20/20, incluyendo el Stanford 20/20. Aquello formaba parte del *Stanford Super Series*, un torneo de una semana que granjeaba al vencedor del juego final 20 millones de dólares.

El 1 de noviembre de 2008, Inglaterra se enfrentaba a Stanford Superstars, los anteriores ganadores de Stanford 20/20 de Trinidad y Tobago. Es torneo recibió cobertura mundial, y las cámaras también captaron a Stanford tonteando con las mujeres y las novias de los jugadores ingleses en las gradas mientas que se desarrollaba el juego. Se llevo a su regazo a la mujer de uno de los jugadores justo cuando las cámaras del *JumboTron* fueron a parar a ellos.

El jugador inglés Matt Prior miró hacia arriba desde el campo y vio a su mujer sentada en el regazo de Stanford. Ella se sintió incapaz de hacer nada, temerosa de reaccionar mientras que la estaban grabando por la gran pantalla. Stanford se disculpó más tarde. No pareció haber repercusiones, al menos no para Stanford.

Stanford llevó una vez más las cosas al límite, solo para ver cómo podía salirse con la suya. Como era multimillonario, normalmente eso era bastante. Simplemente hacía lo que quería, y si no iba demasiado bien, podía pedir perdón más tarde.

¿Acaso intentaba descolocar al equipo inglés? Después de todo, había en juego 20 millones de dólares. Al final, el equipo inglés perdió. Nunca se sabrá a ciencia cierta si se debió a las bromas pesadas que hizo a las mujeres de los jugadores.

SEÑALES DE ALARMA

El escabroso pasado de Stanford ya auguraba problemas. Era de todo menos transparente sobre su juventud y prefería mantener los detalles en un segundo plano. Stanford creció en Texas y se graduó en finanzas por la Universidad Baylor en 1974. Poco después de la graduación, creó una cadena de gimnasios en Texas.

Algo que desconocían los depositantes del Stanford International Bank era que Stanford se había declarado previamente insolvente en 1982 después de que su cadena de gimnasios Total Fitness Center entrase en concurso de acreedores en Waco, Texas. Su solicitud de quiebra enumeraba 13,6 millones de dólares en pasivos y solo 200.000 dólares en activos. Quizás la quiebra fue la que lo impulsó a dejar de usar su primer nombre (Robert) para pasar a ser simplemente Allen Stanford.

En 1983, empaquetó las pertenencias que tenía en su casa de alquiler en su tartana y partió rumbo a un sitio donde calentase más el sol, aunque atrás dejó unos 30.000 dólares a deber a su arrendador. Este ganó un juicio contra Stanford, lo que constituyó su primer encontronazo con la ley.

Entonces, Stanford volvió a la especulación de bienes raíces en Houston, donde tenía un éxito considerable. Poco después, resurgió en la isla caribeña de Montserrat, donde fundó el Guardian International Bank en 1986.

Montserrat era un paraíso conocido para el dinero de los cárteles de la droga y normativas bancarias laxas. Incluso la pequeña Montserrat tuvo problemas con Stanford porque había intentado ocultar su

pasado. Lo hizo porque era consciente de que las autoridades reguladoras invalidarían la solicitud para crear el banco. Charles John, el
Secretario de Finanzas de Montserrat, declaró en una carta de
noviembre de 1990 a Stanford que no había conseguido contratar un
auditor aprobado, y que el banco operaba en una «forma perjudicial
para sus depositantes». La carta también ponía de manifiesto que
Stanford, como individuo declarado en quiebra, no cumplía los requisitos para ser director de banca.

Como Montserrat incrementó su presión reguladora a Stanford y
revocó la licencia bancaria de Guardian, Stanford se limitó a mudarse
a la nación de Antigua y Barbuda. En 1991, fundó un nuevo banco con
un nombre nuevo: Stanford International Bank.

Stanford tenía otros problemas legales. Lo habían acusado por
evasión fiscal en su declaración de la renta de 1990 en Estados
Unidos. En Estados Unidos se requiere que los ciudadanos declaren
los ingresos que reciben a nivel global en sus declaraciones de la renta
en Estados Unidos. Stanford no lo hizo. Tanto él como la que era
entonces su mujer, Susan, no declararon más de 400.000 dólares de
ingresos conjuntos.

Todos aquellos indicadores pasaron inadvertidos o fueron igno-
rados por los inversores y las autoridades. Por descontado que Stanford no ofreció de forma voluntaria la información, y a las
autoridades o bien se les escaparon las señales, o bien miraron para
otro lado. La riqueza a menudo proporciona al propietario vía libre
del escrutinio. La gente rara vez formula a los ricos y poderosos las
mismas preguntas que a las clases más bajas.

El estatus de Stanford como la persona que más gente tenía
contratada de la isla, sumado al hecho de que su riqueza excedía el PIB
de Antigua, probablemente contribuyese a que lo tratasen de forma
preferente.

ILUSIONES DE GRANDEZA

Aunque el lema del Stanford International Bank era *trabajo duro, visión clara, valor por el cliente*, el credo personal de Stanford no podía haber estado en menor concordancia con esos ideales.

En lugar de trabajo duro, pasó el tiempo socializando con los ricos y famosos, particularmente políticos. Organizó fiestas en su flota de yates y paseó a sus amigos en sus numerosos aviones.

La visión clara parecía aplicarse a otros. Él era de todo menos transparente, como los millones de dólares de los fondos de inversión que desvió para facilitar su extravagante estilo de vida.

El valor por el cliente implicaba que a sus bolsillos no parecía que fuese a acabar nada de valor. Los valores que pedía a sus empleados no parecía que se aplicasen a él.

La verdad estuvo oculta detrás de la ilusión que Stanford había creado para él. Durante un brevísimo lapso de tiempo, tuvo el mundo en sus manos. Era el accionista único de Stanford Financial Group, con 50.000 millones en activos bajo su control y una presencia global en 140 países. Era el número 205 en la lista de los estadounidenses más ricos según la revista Forbes, con una fortuna estimada de 2.200 millones de dólares. Contaba con todos los adornos de la riqueza y poseía la doble nacionalidad, estadounidense y antiguana. Algunos incluso decían que controlaba el gobierno de Antigua. Lo que sí era cierto, era que el gobierno de Antigua estaba en deuda con él, una deuda de alrededor de 87 millones de dólares. Parecía ser un generoso benefactor, tanto dentro como fuera de la isla. Gastó libremente para modernizar las infraestructuras públicas de Antigua.

Aparte de los resultados financieros inventados, Stanford contó otras historias. Estaba especialmente interesado en crearse un pasado, uno más respetable y castizo que su infancia corriente en Texas.

Más notable era el hecho de que afirmase descender de Leland Stanford, fundador de la Universidad de Stanford. Suscribió la restauración de la mansión de Leland Stanford en Sacramento, California, implicando que el fundador de la universidad fue pariente suyo. Declaró que quería «ayudar a preservar una pieza importante de la historia familiar de Stanford». El único problema era que esa no era su familia.

Cuando un portavoz de la universidad puso en tela de juicio dicho parentesco, Stanford contrató a un genealogista para que siguiese la pista a sus raíces. Insistió en que era un primo sexto, al que eliminaron dos veces. No se detuvo hasta que la universidad lo demandó por infracción de marca registrada.

Desarrolló también una imagen para Stanford International Bank, afirmando que sus raíces se remontaban setenta y siente años atrás, cuando su abuelo Lodis Stanford había fundado una compañía de seguros en la pequeña Mexia, Texas. De hecho, las dos empresas no tenían ninguna relación en absoluto. Sin embargo, eso no lo frenó a la hora de mostrar un óleo de su abuelo en las oficinas del banco. Para él todo era imagen y respetabilidad. Si Stanford y su banco carecían de esas características, se las inventaba.

Gastó millones en realzar su imagen. Además del críquet, patrocinó polo, tenis y golf, y lo llenó todo con el águila de Stanford Innternational Bank, desde sus edificios hasta los escudos y los pines que lucían todos los empleados de Stanford.

La imagen cuidadosamente desarrollada de Stanford parecía a prueba de balas. No obstante, antes de que perpetrase uno de los esquemas Ponzi más grandes de todos los tiempos, ya había señales de su personalidad sociópata.

Tenía unas ansias narcisistas de adulación y respeto. Aunque no destacó en su hogar en Texas, sí que era un pez gordo en Antigua.

RED DE MENTIRAS

«Era un caso clásico de la rata a la que dejas a cargo del queso». Eso fue lo que testificó Marian Althea Crick en el juicio de Stanford en Houston. Como máxima reguladora de banca de Antigua, Crick tenía mucha experiencia. Había sospechado de los motivos delictivos de Stanford casi desde el mismo instante en el que creó Stanford International Bank (SIB) en Antigua en 1996. No se le había pasa.do por alto que la llegada de Stanford coincidía con las severas medidas tomadas en la vecina Montserrat, donde había dirigido el Guardian International Bank.

Poco después de la llegada de Stanford a la isla, su estrecha relación con el entonces primer ministro de Antigua se evidenció. Lester Bird, abogado de profesión, había sucedido a su padre, Vere Bird, con la consiguiente consolidación de la dinastía de la familia Bird al convertirse en el segundo primer ministro desde su independencia del Reino Unido. El mandato de Lester Bird transcurrió desde 1994 hasta 2004.

La crítica de Crick se refería al hecho de que Bird había otorgado a Stanford un puesto en el gabinete de asesores de la agencia reguladora que supervisaba la actividad bancaria de la isla. Como la analogía de Crick sobre la rata que guarda el queso, el puesto de Stanford constituía claramente un conflicto de intereses. El propietario de un banco regulado nunca debería poder supervisarse a sí mismo, o hacer las normas bajo las cuales su propio banco opere.

Aunque Crick logró con éxito que retirasen su cargo a Stanford, siguió inmiscuyéndose. Stanford se valió de su influencia para intentar que la despidiesen cuando hizo demasiadas preguntas. Cuando aquello no funcionó, Stanford aguardó hasta que Crick estafa fuera en 1998 para hacerse brevemente con la recientemente establecida Comisión Reguladora de Servicios Financieros (FSRC por sus siglas en inglés). El fiscal general intervino cuando Crick se quejó, y a Stanford le dieron la patada.

Tenaz como siempre, Stanford creó una oficina de empleados en 1999 para trabajar en las reformas bancarias reguladoras de Antigua. En 2001, mientras el Stanford International Bank estaba sometido a una auditoría reguladora, Stanford utilizó sus influencias con el gobierno para intentar enviar a Crick y al auditor que estaba examinando el SIB un mes fuera, a un viaje internacional. Su plan era sustituir al auditor por uno más agradable.

Cuando sus tácticas fracasaron, Stanford intentó ganarse el favor de Crick pasando su vuelo de clase turista a primera clase. Crick dio parte de las payasadas de Stanford, pero el gobierno no intervino.

Crick finalmente dimitió en 2002, para disfrute de Stanford. Ahora podría actuar con total impunidad.

El sustituto de Crick era Leroy King, un tipo mucho más maleable y agradable. Stanford comenzó a cortejarlo él inmediatamente, pagándole millones en sobornos y proporcionando viajes en aviones privados y entradas para la *Super Bowl* de la Liga Nacional de Fútbol para asegurar su colaboración.

Sus tentáculos ahora llegaban a los niveles más altos del gobierno de Antigua. Participó en la redacción de la legislación de reforma bancaria bajo la cual operaba su banco y tenía a King en el bolsillo. Lo utilizó para dirigir las auditorías reguladoras del SIB. King certificó los beneficios ficticios y la posición financiera del SIB, y de este modo engañó a los inversores, a otros reguladores (como la Comisión de Bolsas de Valores (SEC) de Estados Unidos), y a otros. En esencia, King afirmaba que había verificado la cartera de inversión del SIB.

Aparte de las auditorías de SIB aprobadas por King, también le proporcionó a Stanford acceso a información reguladora confidencial sobre él y el SIB, incluyendo detalles sobre las preguntas del SEC acerca de Stanford. King era en esencia una marioneta, asegurando al SEC que no había motivos para preocuparse. Quizás lo más sorprendente sea que Stanford esbozó algunas de las respuestas de King a las preguntas del SEC.

King al final se vio implicado y acusado en el esquema de Stanford. Hasta el momento en el que este libro se esta redactando, está aguardando a que lo extraditen a Estados Unidos para someterse a juicio. Marian Crick retomó su puesto en la Comisión Reguladora de Servicios Financieros en febrero de 2009, cuando quitaron a King de ese puesto.

EL DELITO

Allen Stanford dirigía una compleja red de empresas internacionales. En la cima de todas ellas se encontraba Stanford Financial Group (SFG), de la cual Stanford era el único accionista. SFG poseía a su vez Stanford International Bank (SIB), una banca privada en un paraíso fiscal; Stanford Group Company (SGC), asesores de inversiones con base en Houston; y Stanford Capital Management (SCM), que gestionaba la cartera de inversiones.

Stanford International Bank vendió 8.000 millones de dólares en certificados de depósitos (CD) de alto rendimiento a través de la red de asesores financieros. Los CD eran muy populares por dos razones. Proporcionaban un beneficio lucrativo de una comisión de venta de un 1% más una comisión de un 1% anual para os asesores financieros que las vendieron, y la tasa de rendimiento para los inversores era mayor que los tipos de depósito ofrecidos a través de un banco tradicional.

Ese alto rendimiento hacía dos cosas: atraía a los inversores y a los asesores con las mejores carteras de clientes, quienes a cambio convertirían el dinero de esos clientes en certificados de depósitos de Stanford.

Los bancos tradicionales pagaban a los depositantes un beneficio a cambio de guardar su dinero en un depósito. Después, ellos prestan ese dinero a un porcentaje más alto, y obtienen su beneficio de la diferencia entre el interés que ellos reciben de los prestatarios y el interés que pagan a los depositantes. Los certificados de depósitos de Stanford eran muy diferentes, puesto que las ganancias de las inversiones no se prestaban. En su lugar, el dinero se invertía en nombre de los clientes.

Aunque los bancos estadounidenses pagaban menos del 3,2% por un certificado de depósito a tres años, el SIB daba un beneficio fijo de un 5,375%. Un certificado de depósito a cinco años del SIB daba un beneficio anual de más del 10%. ¿Cómo eran capaces de ofrecer semejante rendimiento?

El SIB aseguraba tener una «cartera diversificada a nivel global» de activos. Esos activos se incrementaban muy rápidamente, con una media de crecimiento de más de 1.000 millones de dólares al año. Para noviembre de 2008, el SIB afirmaba tener 8.500 millones de dólares en activos en total.

Además, declaró que el rendimiento excepcional que ganaba por su cartera de activos le permitía pagar tipos de interés más altos a los depositantes. El dinero supuestamente lo invertía en activos líquidos, lo que le granjeaba beneficios excepcionales. ¿El problema? La mayoría de la cartera de activos solo la conocían dos personas: Allen Stanford y su director financiero, James M. Davis.

Ni siquiera su coconspiradora, Laura Pendergest-Holt, la directora de inversiones de SIB y SFG, estaba al tanto de la supuesta información sobre los activos. Pendergest-Holt dirigía un equipo de más de veinte analistas que la asesoraban supuestamente en la supervisión íntegra de la cartera de inversiones. Sin embargo, Pendergest-Holt y su equipo solo tenían acceso a los activos designados como activos Grado 2.

Dentro de la empresa, la cartera de inversiones estaba segregada en tres grados. Los activos Grado 1 eran dinero y equivalentes pecuniarios. Los Grado 2 representaban las inversiones con administradores de carteras externos, y los Grado 3 eran activos administrados por el propio SIB. Sin embargo, ningún empleado del SIB salvo Allen Stanford y James Davis tenía acceso a los activos Grado 3. Pendergest-Holt era la directora de inversiones, y ni con esas estaba al tanto de parte de la cartera de inversiones que poseía el mayor número de activos. Para diciembre de 2008, los misteriosos activos Grado 3 representaban el 81% de la cartera de inversiones del SIB que estaba valorada en 8.400 millones de dólares.

Ese 81% se vio posteriormente reducido a un 58,6% en acciones, un 7,2% en metales preciosos y un 15,6% en inversiones alternativas. No se proporcionaron más detalles, y nadie parecía preguntar, al menos al principio.

Los problemas de liquidez de Stanford comenzaron en 2008. La crisis financiera global llegó primero, pero sus problemas se agravaron cuando salió a la luz el esquema Ponzi de Bernard Madoff. Cuando temerosos los inversores preguntaron si cabía la posibilidad de que Stanford cogiese el dinero y huyese, les aseguraron que no. Se suponía que Pendergest-Holt y sus veinte analistas establecidos en Estados Unidos harían las comprobaciones y los balances para que esto no sucediese.

En diciembre de 2008, el SIB también dijo a los inversores que el banco no estaba expuesto a la estafa de Madoff. Sin embargo, por aquel entonces sí que estaban expuestos. Había en riesgo aproximadamente 400.000 dólares a través de su inversión en un fondo de Tremont Partners, Meridian, que a su vez había invertido con Madoff.

Pershing LLC, agente de compensación y custodio de los activos de Stanford, también se alarmó debido al gran número de transferencias que se habían realizado desde las cuentas de inversión de los clientes al SIB. Entre 2006 y 2008, se enviaron al SIB 1.635 transferencias que ascendían a un total de 517 millones de dólares. Pershing interrumpió las transferencias al SIB tras haber solicitado numerosas veces los estados financieros del SIB y de que ignorasen dichas peticiones.

El supuesto rendimiento a las inversiones de Stanford Capital Management tampoco parecía coincidir con los estados de las cuentas de los clientes. Quizás ese fuera la revelación más asombrosa para una estafa multimillonaria. No existía un plan real para cubrir las huellas. Los asesores de inversión se habían preguntado durante mucho tiempo por qué no coincidían los beneficios de los clientes con los resultados que proporcionaba Stanford. Por ejemplo, el rendimiento de un cliente individual en el año 2000 oscilaba entre pérdidas de un 7,7% a ganancias de un 1,1%, aun habiendo reportado que el rendimiento constituía unas ganancias del 18,04%. En 2001, Stanford afirmaba que el rendimiento era del 4,32%, en un momento en el que todos los clientes sufrían pérdidas de entre un 2,1% y un 10,7%.

De hecho, los beneficios por la inversión eran una mera invención, a los que se les había aplicado un proceso de retroingeniería de unas inversiones que nunca se habían realizado. Stanford y sus empleados se limitaron simplemente a identificar los fondos con mejores resultados y a calcular entonces hacia atrás hasta llegar al índice de beneficios que habrían ganado si de vedad hubieran invertido en esos fondos.

Publicaban ese rendimiento ficticio en el «libro de propuestas» que los asesores de inversión utilizaban para vender otro producto de Stanford. La Stanford Allocation Strategy (SAS) era un programa de paquetes de fondos mutuos que promocionaban valiéndose de ese rendimiento falso. Las cifras mostraban que Stanford había superado de forma consistente el Standard & Poor's 500 por un 13% de media. Los generosos beneficios proporcionados a los asesores, junto con las desorbitadas estadísticas de comportamiento, permitieron que Stanford desarrollase los activos que se encontraban bajo control a casi 1.000 millones en 2008.

Aún más extraño, Stanford se las arregló para conseguir beneficios idénticos, de un 15,71%, durante dos años, algo casi imposible estadísticamente hablando teniendo en cuenta la mezcolanza de acciones diversificadas de su cartera de inversión. Aquellos fantásticos beneficios incluso perduraron durante la crisis financiera de 2008. En un momento en el que Standard & Poor's perdió un 39% y el Dow Jones EURO STOXX cayó en un 41%, Stanford se las ingenió para limitar las pérdidas a un 1,3%.

Cuando los asesores pusieron en duda los beneficios, SGC/SCM contrató a un analista externo para que revisase los resultados del fondo de SAS. El experto encontró que los beneficios se habían exagerado de forma consistente, como resultado de algo que él llamaba «error de cálculo». A pesar de estas conclusiones, SCM continuó anunciando el rendimiento falso.

Ahora que la Comisión de Bolsas de Valores estaba revisando las operaciones de Stanford en serio, sin confiar ya en las garantías de King, el regulador de Antigua en 2003. Ya no podían ignorar las numerosas quejas de los inversores potenciales y de los analistas que intentaban reproducir las cifras de comportamiento de Stanford.

A pesar de la presión impuesta por la Comisión, Stanford dijo a los inversores preocupados que la investigación de la Comisión de Bolsas de Valores era un mero examen rutinario. También le dijo a un inversor que no podía amortizar su inversión porque «la Comisión ha congelado la cuenta durante dos meses».

¿DÓNDE ESTABAN LOS AUDITORES?

Stanford no podría haber sacado adelante su estafa sin la cooperación o la inacción del contable que auditó los estados financieros de su empresa. El auditor fue C,A.S. Hewlett, de Hewlett House en St, John's Street, en St. John's, Antigua.

Como muchos estafadores Ponzi, la empresa contable contratada era un pequeño negocio. C.A.S. Hewlett solo tenía un contable, y uno viejo además. Charlesworth Hewlett, apodado «Shelley», nació en 1936.

El septuagenario debió haber tenido bastante talento, teniendo en cuenta que la forma de Stanford le pagó 4,6 millones de dólares en diez años por la revisión de su estado financiero y por la firma de la misma.

A pesar de las múltiples llamadas de teléfono a Hewlett por parte de la Comisión de Bolsas de valores, no fueron capaces de dar con el esquivo Shelley. ¿Era acaso real? Aunque no se refutó su existencia, parecía extraordinariamente difícil de localizar para ser una persona que ofrecía servicios públicos de contabilidad.

Por descontado que llevar a cabo una auditoría completa de una empresa multimillonaria normalmente trae consigo a un pequeño ejército de contables bastante ocupados. Shelley Hewlett debía de haber estado trabajando a una velocidad vertiginosa, demasiado ocupado para devolver las llamadas de teléfono.

Conforme surgieron más preguntas, se anunció que el señor Hewlett había fallecido de repente el 1 de enero de 2009. Los detalles escaseaban, puesto que no hubo noticia sobre ningún funeral ni ningún otro particular al respecto. La fecha de su muerte fue una coincidencia sorprendente, dado que el 31 de diciembre marcaba el fin del año fiscal de la empresa que auditó.

The Guardian, un periódico británico, tuvo más suerte que el SEC. Cuando el diario *the Guardian* llamó a la oficina de Hewlett poco después de su muerte, el hombre que respondió al teléfono no podía decir quién desempeñaría las labores de auditoría. Aparentemente, Shelley no tenía otros contables cualificados para sumir dichas funciones, a pesar de las tarifas extremadamente lucrativas.

La elección de auditores de Stanford fue quizás la mayor señal de alarma. Ya utilizó esa táctica previamente en Montserrat, pero con menos éxito.

Los auditores aplicaban análisis estándar para validar los resultados financieros de la empresa y asegurar que están preparados conforme a los principios de contabilidad generalmente aceptados. Como parte de la auditoría anual, los auditores validan de forma independiente los balances de cuentas, analizan las transacciones y toman muestras de control antes de dar su opinión sobre la precisión de los estados financieros.

La empresa afirmaba tener 50.000 millones de dólares en activos bajo la administración de treinta mil clientes en 131 países, pero contrató a una pequeña empresa de contabilidad local con una docena de empleados para la auditoría anual. Era sencillamente imposible que una empresa tan pequeña realizase una revisión adecuada de las treinta oficinas que Stanford tenía en Estados Unidos y en otros lugares a nivel global.

Otras señales de alarma abundaban en el banco mucho antes de su cierre. Un postulante a un puesto en el banco informó haberse quedado atónito por la limitada experiencia laboral del cuerpo de directivos. La administración seleccionaba cuidadosamente a la gente con menos conocimiento de modo que no tuviesen ni idea acerca de los chanchullos financieros. O quizás eran conscientes de la estafa, pero sabían que su falta de cualificación nunca les facilitaría una posición tan alta en un banco legítimo. Por supuesto, muchos de ellos fueron cómplices del fraude y posteriormente declarados culpables por un tribunal.

FIN

Años antes de que el esquema Ponzi de Stanford llegase a su punto decisivo en 2009, hubo muchas señales de alarma al igual que unos cuantos soplones. Nadie los escuchó. Incluso la Comisión de Bolsas de Valores pareció ignorar las excentricidades de Stanford hasta que se descubrió el esquema de Madoff.

La falta de transparencia y la revelación de la cartera de activos fue motivo de preocupación. La mayor parte de la cartera consistía en activos de bienes raíces que no se habían comercializado públicamente, y que conservó en un momento en el que el valor de los bienes inmuebles se había desplomado. Sin embargo, la gente confió de manera implícita en Stanford, para desgracia de estos.

En marzo de 2012, Stanford fue condenado por trece de los catorce cargos de estafa que había contra él en un tribunal de Houston. Ese mismo mes, el National Honors Committee de Antigua y Barbuda desposeyeron a Stanford de su título de caballero por unanimidad. Tres meses más tarde, fue condenado a 110 años de prisión.

Stanford pasa ahora sus días en prisión en Coleman Penetentiary, cerca de Orlando, Florida. El anteriormente Sir Allen se conoce en la actualidad como recluso #35017-183. No es probable que viva para ver su puesta en libertado el 17 de abril de 2105.

PONZI #2—MMM

Particulares de la estafa Ponzi
Sergey Pantelevich Mavrodi
Tema
MMM, financiación de equipos de oficina
Estafa
10.000 millones de dólares estadounidenses
Beneficio prometido
Más del 1.000%
Inversores estafados
15 millones
Fecha en la que se descubrió
1994
Dónde
Rusia
Condena
4,5 años y una multa de 10.000 rublos (390$)

EL SUEÑO DE GOLUBKOV—MOSCÚ—PRIMAVERA DE 1994

Mavrodi permaneció en la puerta y se maravillaba de las pilas de dinero que se alzaban desde el suelo hasta el techo. El dinero llenaba la estancia, y a él aún le costaba creer que era real. ¡Y pensar solo era una habitación entre tantas otras! Hacía tan solo seis meses, el banco se había negado a prestarle ni siquiera unos pocos miles de rublos. Ahora él tenía más dinero que ellos. Estaba ganando 50 millones de dólares al día, y eso solo en Moscú.

Llegaban miles de nuevos inversores al día, esperando pacientemente a entregarle su dinero. Todo el mundo conocía MMM y sus promesas de riqueza. Mavrodi era el hombre más famoso de Moscú. Especialmente desde el día anterior, después de pagar durante un día el transporte público de todo aquel que lo utilizase.

Mavrodi era matemático de profesión, pero empresario de corazón. Al final había creado un negocio lucrativo. Hacía solo unos años apenas pasaba el día con lo que sacaba vendiendo videos y casetes pirata en las calles de Moscú.

Ahora no había límites impuestos a lo que podía lograr. Planeó expandir MMM a otros países. La empresa había florecido más allá de lo que remotamente había soñado, gracias a la exitosa campaña de publicidad que había difundido de forma sistemática por todo el mundo. En los anuncios aparecía Lyonya Golubkov, un hombre cualquiera que se había vuelto rico con el esquema de Mavrodi. Aunque Golubkov era ficticio, su éxito lo había hecho el hombre más famoso de Moscú.

Era imposible poner la televisión y no ver uno de los 2.500 anuncios sobre el sencillo Golubkov, que había pasado de vestir harapos a la riqueza. El desaliñado operario de tractores parecía tener más dinero del que podía gastar. La gente tendía a olvidar que se trataba de un mero actor.

Casi inmediatamente después de invertir en los certificados de MMM, el actor contaba cómo era capaz de comprar botas nuevas y un abrigo de piel a su mujer. Cuando sus inversiones prosperaron, los anuncios lo mostraban viajando a San Francisco para ver al equipo de

Rusia en la Copa del Mundo. Aparecía montado en el tranvía y visitando el Golden Gate Bridge. Otros anuncios lo mostraban contando inagotables sacos de dinero con amigos y familia en un momento en el que la inflación en Rusia ya iba por el 25% al mes (300% al año). ¿Cómo era posible que obtuviese un rendimiento del 3.000%? Invirtiendo en MMM.

Aquel retrato de Golubkov lo convirtió en una especie de figura de culto. MMM fue un éxito rotundo en Rusia y pronto la gente, ansiosa por compartir los beneficios, hacía cola en las oficinas de MMM.

UN RUBLO AHORRADO ES UN RUBLO GANADO

Muchas estafas han surgido de la oportunidad de realizarlas. Mezcle avaricia y pocas probabilidades de que te acusen y ya tiene la receta perfecta para una estafa. El esquema de MMM fue el esquema Ponzi más grande de la historia durante casi veinte años, hasta que lo superó el de Bernard Madoff en 2011.

Aunque de forma oficial la estafa de Sergey Mavrodi es la subcampeona detrás de la de Bernard Madoff, esto podría ser comprendiendo lo que implican las cifras que se conocen. Mavrodi tenía muchos esquemas similares, y si los combinamos todos, el total sobrepasaría con creces la estafa de Madoff. MMM aún se encuentra activo, en distintos países con una forma modificada. Una simple búsqueda en internet le facilitará muchas referencias y páginas web a MMM.

Pero, ¿los MMM actuales son realmente esquemas Ponzi? Por lo menos son esquemas piramidales, algo que Mavrodi ha admitido en varias ocasiones. Mientras que escribo este libro, en la India está ganando popularidad un esquema MMM. Mavrodi también planea expandirse a China. El secreto del éxito de Mavrodi es recaudar modestas cantidades de el máximo número posible de personas, y ceñirse estrictamente a la ley, y si no intentarlo.

¿Es un esquema piramidal lo mismo que un esquema Ponzi? En ambos casos se utiliza el dinero de los últimos inversores para pagar a los primeros. Un esquema Ponzi da un paso más allá. En un esquema Ponzi, el artífice desvía parte del dinero para sí mismo. En un esquema Ponzi, los inversores puede que, o puede que no, recluten a nuevos inversores; en un esquema piramidal, deben reclutar a más gente para obtener los beneficios prometidos.

Aunque puede ser poco ético tomar el dinero de una persona para un esquema piramidal, en muchas partes del mundo es legal. Mavrodi tiene mucho cuidado a la hora de estructurar sus oportunidades de inversión como esquemas piramidales. Al hacerlo, ha sido capaz de escapar de la acusación todas las veces excepto en la primera estafa, que vamos a tratar aquí.

El primer esquema de MMM comenzó en Rusia, poco después de la política del «glásnost» y el movimiento de la «perestroika» de Gorbachov en la década de 1980. Los términos, traducidos como transparencia y reestructuración económica respectivamente, tuvieron como resultado cambios dramáticos en la economía soviética.

La Rusia de la década de los noventa era como el salvaje oeste americano, excepto por el hecho de que la frontera era financiera. Era territorio nuevo cuando la economía controlada por el estado daba paso a la privatización de los activos que eran propiedad del estado.

Para algunas personas, aquel nuevo entorno era como ganar la lotería. De repente abundaban oportunidades que nunca antes habían existido, oportunidades de hacerse rico, o al menos ganar algo de dinero. Aunque la nueva frontera financiera traía consigo promesas de riqueza, la repentina liberación de los grilletes impuestos por una economía dirigida por el gobierno también trajo hiperinflación.

A principios de la década de 1990, la inflación subía hasta un 25% al mes. En 1994, los precios eran un 2.000% más altos de lo que habían sido tres años antes. De repente, un moscovita con un colchón decente para su jubilación veía como sus ahorros se evaporaban de la noche a la mañana. Ahora apenas podía comprarse una hogaza de pan con todo aquel dinero.

No era algo malo para todo el mundo. Aquellos con contactos compraban los activos del gobierno por prácticamente nada. Cuando los activos del gobierno se privatizaron, nacieron los oligarcas rusos;

pero esa no era la única forma de capitalización en los cambios económicos.

Cuando los bienes del gobierno se privatizaron, la libre empresa creció aún más. Esto conllevó la necesidad de mercados de capitales y financiación para acoger al crecimiento empresarial y a la inversión. Desafortunadamente, los mercados crecieron mucho más rápido que la supervisión regulatoria necesaria para asegurar la adecuada protección de los inversores. También constituía territorio nuevo para el ruso común, que nunca había comercializado con acciones, o que ni siquiera había utilizado cheques personales, cosas que nosotros damos por sentadas en una economía de libre mercado.

Rusia no contaba con un regulador del mercado de valores, y el recién creado Departamento de Mercados de Valores y Financieros tenía muy poco poder real. Las leyes proteccionistas, los reglamentos y los precedentes aún no estaban a punto. Fue en medio de este vacío cuando florecieron MMM y otros esquemas financieros. Rusia pasó de estar controlada por el gobierno a un capitalismo desenfrenado casi de la noche a la mañana. Sin los cheques ni los balances de un sistema financiero controlado, los promotores eran libres de establecer sus propias normas. Ello sumado a una ingenuidad financiera colectiva de una sociedad que no estaba acostumbrada al capitalismo, era terreno fértil para llevar a cabo un esquema Ponzi.

Mavrodi se aprovechó de la falta de supervisión reguladora en los mercados. La promesa de increíbles tasas de MMM era incluso más seductora si la comparamos con la inflación rampante que estaba erosionando los ahorros de los ciudadanos rusos. La gente acudía en manada a la inversión que había prometido un beneficio que superaba a la inflación.

El nombre de MMM derivaba de las iniciales de Sergei Mavrodi, de su hermano Vyachesalv Mavrodi y de Olga Melnikova. Los tres crearon el fondo en 1989, pero no se convirtió en un esquema Ponzi hasta más adelante en 1994.

El negocio principal de MMM era importar equipos de informática y de oficina. Sin embargo, para 1994 la empresa se encontró con la dificultad de obtener crédito para financiar las operaciones. Incapaz de que la financiase un banco tradicional, se orientó hacia los inversores privados que le proporcionasen el capital que necesitaba, prometiéndoles generosos beneficios.

MMM parecía tener un éxito desmedido. Utilizando los fondos de los inversores como capital, el precio de las acciones aumentó exponencialmente. Nadie se cuestionó el hecho de que el precio de las acciones lo había calculado la persona que más se beneficiaría de esa subida. No había un mercado de valores independiente que diese valor a esas acciones, ni tampoco había fijado el precio de las acciones una tercera parte ni las había verificado ningún órgano regulador. No había información comercial acerca del número de compradores y vendedores o los precios que pedían. En su lugar, MMM calculaba el precio de las acciones. Los inversores estaban contentos; no cuestionaban sus beneficios del mil por ciento.

DE MENDIGO A MILLONARIO

En febrero de 1994, la empresa declaro dividendos del 1.000% y comenzó un bombardeo publicitario extensivo en el que aparecía Lyonya Golubkov y su repentina riqueza. Para la mayoría de los rusos, el hombre de los anuncios parecía un poco simple y sencillo. Si Golubkov se hacía rico, cualquiera podía.

Mavrodi jugó con los pensamientos y los sueños de rusos de a pie que estaban inmersos en una reestructuración económica. La mayoría de la gente había visto un descenso de sus estándares de vida mientras que unos pocos con contactos se hicieron multimillonarios. Los anuncios de MMM saturaban las ondas de radio y aparecían otras personas aparte de Golubkov. La generación más joven se identificaba con la pareja de recién casados que habían recogido sus beneficios, mientras que un anciano se sentía más atraído hacia un sector demográfico más conservador y mayor. Estos nuevos estratos sociales peleaban al ruso común con el estado. La desconfianza en el gobierno creció, y esta se depositó en los bancos y en el sistema monetario. MMM parecía la respuesta para todo.

MMM recibió miles de millones en los meses que siguieron, la mayoría en efectivo. A cambio de entregar el dinero, los participantes recibían un recibo con la imagen de Mavrodi en él.

Los recibos por el efectivo diarios eran de más de 100 millones de rublos, demasiado para contarlo siquiera. Mientras que los rublos entraban, a los empleados de MMM se les ocurrió calcular la cantidad por volumen, como «una habitación, dos habitaciones», etc.

Sin embargo, por fantásticos que fuesen los beneficios, se acabaron pronto. En julio de 1994, las autoridades cerraron MMM por evasión fiscal.

Las actividades de MMM pronto frenaron en seco, pero nadie supo de verdad la cantidad que se debía a los inversores. Se especulaba que se podía cifrar entre millones y miles de millones, pero como la mayoría de los negocios se tramitaban en efectivo, era difícil seguir el rastro y restaurarlo. Muchos contribuyentes se enfrentaron a la ruina financiera, y al menos se culpó al esquema de cincuenta suicidios. Según la propia versión de Mavrodi, tomó 10.000 millones de dólares de 15 millones de inversores. Aún así MMM estaba en concurso de acreedores.

Cuando las autoridades finalmente investigaron en el apartamento de Mavrodi, encontraron pocas cosas de valor, y ninguna que lo diferenciase del resto de rusos, aparte de su colección de mariposas. ¿Dónde había ido a parar todo el dinero? O lo había hecho desaparecer del país como por arte de magia, o lo habían perdido las autoridades. Algo muy interesante era que había prometido vender sus acciones en Gazprom valoradas en 1,5 millones de dólares y contribuir con el beneficio a aliviar la mala fortuna de los inversores de MMM.

Una vez acusaron a Mavrodi, decidió meterse en política, pues como un oficial electo estaba exento de la acusación. Parte de su plataforma era culpar al gobierno por la pérdida del dinero. También había prometido 10 millones de dólares en mejoras públicas en la mayor parte de Moscú. Los votantes, la mayoría de los cuales también eran inversores de MMM afortunados, se tragaron ese argumento.

En 1995, Mavrodi ganó un escaño en el Duma Estatal de Rusia. Su inmunidad duró poco, porque el gobierno la canceló poco después de aquello. Entonces se presentó para presidente en un segundo intento por escapar de la acusación, pero se retiró cuando las firmas para su candidatura lo consideraron no apto.

Mavrodi desapareció justo cuando se declaró a MMM oficialmente en concurso de acreedores en 1997. Se volatilizó pero pronto comenzó otro esquema llamado Stock Generation, desde el pequeño país caribeño de Dominica. El esquema piramidal por internet operó durante unos dos años, recaudando otros 5,5 millones de dólares de miles de inversores en Estados Unidos y en otras partes

Los inversores de Stock Generation supuestamente compraban «empresas virtuales».aunque prometía a los inversores un rendimiento seguro, Mavrodi lo estructuró como un sitio web de juegos de azar para que quedase fuera de los reglamentos de la Comisión de Bolsas de Valores.

Dirigió la empresa mientras que se «ocultaba» a simple vista. Continuó viviendo en Moscú, en un apartamento al lado del metro de Frunzenskaya, hasta que finalmente lo atraparon en 2003.

En abril de 2007, a Mavrodi lo condenaron finalmente. Lo sentenciaron a cuatro años y medio de prisión, y a una simple multa de 10.000 rublos (390$). Dado que había estado preso desde que lo atraparan en 2003, fue puesto en libertad un mes más tarde debido a que ya había cumplido su condena.

Desde su puesta en libertad, ha iniciado al menos dos esquemas más, a los que llamó con descaro MMM. El esquema MMM-2011 tuvo lugar en Rusia hasta mayo de 2012, y también tuvo lugar en Lituania, Ucrania y Bielorrusia.

La versión ucraniana se inició en enero de 2011 bajo el mismo acrónimo, MMM, afirmaba contar con millones de participantes. Aquella vez, MMM significaba «Podemos Hacer Mucho» (My Mozhem Mnogoe en ruso). Además de un esquema para hacerse rico rápidamente, se vendió como una forma de contraatacar a los llamados engaño gubernamental y explotación.

Mavrodi estructuró sus esquemas cuidadosamente de acuerdo a las leyes vigentes para evitar que lo acusaran. Mantuvo todas las transacciones en las cuentas de los mismos inversores. Sustituyó los cupones que había usado en la década de los noventa por unidades de dinero virtual, llamadas *mavry*, cuyo valor fluctuaba constantemente. Los *mavry* se podían vender en cualquier momento, y la diferencia entre el precio de compra y los beneficios era como ganaba dinero el inversor.

El agente de Mavrodi prometía a los inversores un beneficio por la cantidad invertida en dos semanas y una bonificación adicional después de un mes, con un beneficio de casi un 80% en tan solo un mes. Los beneficios consistían en una serie de pagos diseñados específicamente para persuadir a la gente a que siguieran reinvirtiendo su dinero. Cuanto mayor fuera la inversión, más beneficios recibirían.

El esquema contaba con seis niveles por lo menos. Los inversores comunes estaban abajo del todo. En el siguiente nivel, los *desiatniki* (literalmente, supervisores de diez, aunque podían tener a decenas de personas o más por debajo) reclutaban inversores y recibían un 10% por cada nueva contribución. Cada *desiatniki* era responsable solo de las personas que había reclutado, y también realizaban todas las transacciones financieras por ellos, incluyendo los pagos a estos. A su vez, los *desiatniki* respondían ante los *sotniki*, que estaban en el nivel superior y que tenían autoridad sobre varios grupos de *desiatniki*. Aquello continuaba así durante varios niveles más, cada uno llevándose tajada. Mavrodi estaba en la cima de la estructura.

Aquella estructura implicaba que la mayoría de las transacciones no pasaban por Mavrodi. Los pagos pasaban por mucha gente que se encontraba por debajo de él. Si a Mavrodi o acusaban y lo juzgaban, sería imposible deshacer todas las transacciones y probar que había sido su culpa.

Mavrodi pronto se enfrentó a problemas de liquidez, puesto que no existía ninguna inversión subyacente. Anunció entonces la Operación Fénix, cortando los beneficios del 10% al mes y cancelando las bonificaciones. Cuando los inversores se asustaron y MMM se desplomó, Mavrodi comenzó otro esquema MMM, supuestamente para ayudar aquellos del otro esquema.

Mavrodi se expandió aún más. Cuando escribía esto en 2013, MMM India, conocido allí como Mavrodi Mondial Moneybox India, estaba reclutado inversores de forma activa. Arrestaron a varios promotores de MMM en junio de 2013, y Mavrodi confirmó que eran sus socios. También declaró sus intenciones de expandirse a China. Obviamente tiene como objetivo países con mucha población.

Mavrodi afirma que no es para enriquecerse a sí mismo. Declara:

«Mi objetivo es un apocalipsis financiero, la destrucción del sistema financiero global. Considero que el sistema financiero actual es injusto; no es justo que algunos tengan miles de millones y otros no tengan nada. El sistema debe ser destruido y construir otra cosa en su lugar. Eso es precisamente en lo que estoy trabajando».

Una cosa es cierta, sus esquemas tienen como resultado el desastre financiero de la mayoría de los que participan, aunque siempre parece salir indemne. Aunque Mavrodi pretende dirigir una red revolucionaria que saque a la gente de la pobreza, no puede ser más mentira. Todos los esquemas MMM acaban al final en quiebra, y se llevan consigo los ahorros de mucha gente incrédula.

Las promesas de beneficios asegurados pueden ser falsas, pero una cosa es cierta. Mavrodi, y la gente como él, seguirán actuando, esquivando la ley y hallando nuevas formas de quitar el dinero a la gente.

PONZI #1—BERNARD MADOFF— ASEGURE SUS APUESTAS

Particulares de la estafa Ponzi
Bernard Madoff
Tema
Bernard L. Madoff Investment Securities LLC, estrategia de opciones de compra de valores
Estafa
65.000 millones de dólares estadounidenses
Beneficio prometido
Más del 10% anual
Inversores estafados
Más de 2.500
Fecha en la que se descubrió
2008
Dónde
Nueva York, Nueva York
Condena
150 años

NUEVA YORK—10 DE DICIEMBRE DE 2008

BERNARD MADOFF PERMANECIÓ DE PIÉ FRENTE A LAS VENTANAS CURVAS de su oficina en pleno centro de Manhattan en el edificio Lipstick mientras miraba hacia del East River y la Trump World Tower. Había movimiento abajo en la calle y ello captó su atención. Las personas que iban a trabajar y los compradores de navidad precoces discurrían a ambos lados de la calzada cual hormigas, ajenos a su dilema. Puede que algunos de ellos incluso tuvieran dinero en su fondo, indirectamente a través de uno de los fondos subordinados.

Daba igual qué hiciera, la gente pronto sabría que ya no tenía dinero para pagarles. Por pequeña que fuese la cantidad de dinero que quedase, tenía que guardarla para sí. Había creado una inmensa riqueza para todos los demás, partiendo básicamente desde cero. Millones, incluso miles de millones, pronto se le escaparían de entre los dedos por última vez.

A sus setenta años, el antiguo consejero del mercado del valores del NASDAQ era demasiado viejo como para empezar de nuevo. Deseaba que la crisis financiera hubiese sucedido después, después de haberse jubilado. Por supuesto, en lo más profundo de su corazón sabía que nadie se había retirado jamás de un juego como aquel.

Había estado durante semanas manteniendo a raya a los inversores. En lugar de nuevos inversores rogando para poder invertir en sus fondos, los inversores que más tiempo habían estado con él estaban solicitando las amortizaciones, algunas con valor de cientos de millones. La crisis de los bonos con garantía de activos, seguida del desplome de la burbuja inmobiliaria, había dado como resultado una crisis de dinero en efectivo.

Puesto que las tendencias financieras habían cambiado, todos los peces gordos querían liquidar. Se habían visto envueltos en la escasez de liquidez de la crisis financiera al igual que él. Los bancos también estaban en apuros. No tenía suficiente dinero en efectivo para frenar la tempestad.

La crisis financiera y el consecuente colapso de Lehman Brothers había impactado severamente en su habilidad para captar capital nuevo. Congelaron como era de esperar más de cien fondos que tenían capital con Lehman, lo que incrementó una reacción en cadena a nivel mundial. Sucedió lo mismo en Europa; nadie tenía liquidez. Aquellos que sí que tenían no estaban dispuestos a arriesgar a jugárselo sin ninguna razón. No lo prestaban, y por descontado que no lo iban a invertir.

Incluso hubo preguntas acerca de cómo era posible que hubiera ganado semejantes beneficios en un mercado en decadencia. Todo el mundo perdía dinero, de modo que, ¿por qué él no?

Madoff había dicho que era su estrategia de opciones derivadas, pero cuando el mercado en su totalidad se desplomó, su afirmación se tornó difícil de defender. Algunos analistas habían aplicado un proceso de retroingeniería a la estrategia de inversión, con lo que solo consiguieron grandes pérdidas en lugar de ganancias. Permaneció en silencio y no disponible, pero los medios de comunicación dominantes sobre finanzas estaban empezando a captar rumores y sospechas.

Muchos de sus actuales inversores aún permanecían felizmente ajenos a que ya no tenía su dinero, pero se le habían acabado las excusas por no respetar las peticiones de amortización por vencimiento. Sabía lo que tenía que hacer. Su decisión implicaba que todo se iría a pique al día siguiente, de modo que pretendía disfrutar de las pocas horas que pudiera.

La gente ya no pensaría que era un ilustre de Wall Street; en su lugar, quedaría expuesto como un paria de las finanzas. Su legado le fastidiaba más que cualquier otra cosa. Su trayectoria era legendaria y nadie había sido capaz de igualarlo en su trabajo. No fueron pocos los fondos de cobertura que habían invertido todo su dinero con él en lugar de haber investigado un poco o buscar otras inversiones. Sabían que jamás podrían reproducir sus estelares beneficios. Había estado haciendo malabares durante mucho tiempo, excepto que ahora había demasiadas pelotas en el aire. De lo único que se arrepentía no haber planeado mejor una estrategia de escape. Sin embargo, se sentía curiosamente aliviado por lo que se disponía a hacer.

Confesar le quitaría la presión. Perdería algo de su inmensa fortuna y sin duda algunos amigos. Entonces pediría perdón, aguardaría a que se disipase el escándalo y pasaría sus días en la mansión Madoff en Florida, o quizás en su segunda residencia en la Riviera Francesa. Un buen abogado, una multa importante y una declaración de culpabilidad pactada y pronto dejaría atrás todo aquel desastre.

Madoff dio la espalda a su atalaya y echó un vistazo a su inmaculada oficina, su refugio durante más de veinte años. Los tonos blancos y negros limpios calmaron el revoltijo que tenía en el estómago. Una llamada de teléfono y se desataría el infierno. Su vida cambiaría para siempre.

Pero todavía no.

Bernard Madoff suspiró y hojeó los cheques recién firmados; cien cheques que ascendían a un total de 173 millones de dólares, todo lo que le quedaba de los miles de millones invertidos en su fondo. No era suficiente ni por asomo, y quedase lo que quedase debía gastarlo sabiamente para ganarse el favor de las personas adecuadas. Podría aplacar a aquellos que podían encubrirlo, o al menos que guardasen silencio. Tenía que contener aquello tanto tiempo como le fuera posible. Aquellos cheques se ocupaban de los más poderosos de su círculo. En los días siguientes, necesitaría toda la ayuda que pudiera obtener de ellos.

De la noche a la mañana sus amigos se convertirían en enemigos. Aunque no podía compensar a todos los fondos subordinados, al menos se aseguraría de que sus amigos y familiares conservasen algo. Agarró su pluma Mont Blanc y escribió una nota para que enviasen sus relojes y las joyas de Ruth a los niños, fuera de las garras de las autoridades.

A diferencia de la investigación llevada a cabo por la Comisión de Bolsas de Valores hacía diez años, los reguladores no habían echado la puerta abajo esta vez. De hecho, permanecían dichosamente ajenos a la estafa que llevaba perpetrando hacía décadas, aunque había estado actuando bajo su mirada durante años.

Se rió por lo bajo al acordarse de los investigadores ineptos que peinaban sus oficinas mientras robaba miles de millones de dólares a simple vista, justo delante de sus narices. Los investigadores leyeron detenidamente estados de inversión inventados y un entramado de transferencias que realizaba entre varias de sus cuentas. Nadie detectó ni una señal sobre su engaño.

Esta vez fue diferente. Sin capital ya no podía satisfacer las peticiones masivas de amortizaciones que se solicitaban en su fondo. La mentira era tal que no había modo de escapar. Entregarse era su única opción.

Aunque era una posibilidad minúscula, supuso que había una oportunidad de salir de aquella situación casi indemne. Un buen abogado y una confesión voluntaria definitivamente marcarían la diferencia.

Se había visto anteriormente en circunstancias similares. Cuando la Comisión de Bolsas de Valores se topó con él en 1996, había sido a través de Avelino y Bienes, la empresa contadora pública que alimentado a su fondo. Su información contable había pasado el examen, pues se había encargado muy bien de mantener toda la información incriminatoria a distancia. Los torpes agentes husmearon y jamás se acercaron demasiado, pero podía haber sido mucho peor. Su abogado contuvo el desastre, y todo lo que Avelino y Bienes tenía que hacer era devolver a los inversores su inversión inicial.

Aquellos investigadores de la Comisión de Bolsas de Valores no detectarían una estafa ni aunque la tuviesen debajo de sus narices. Uno de ellos casi lo hizo. En cuanto al otro, la investigación más reciente había tenido como resultado el matrimonio entre su sobrina, quien también trabajaba en la empresa, y uno de los investigadores de la Comisión. Afortunadamente, el sector financiero de Nueva York era extremadamente incestuoso, y esas interrelaciones cimentaban su inexpugnable posición. La mayoría del personal de la Comisión de Bolsas de Valores daría lo que fuera por trabajar en una empresa como aquella. Su sueldo se vería duplicado de la noche a la mañana, y en un par de años serían millonarios.

Una pequeña parte de él se sentía como Dios, a sabiendas de que su confesión al día siguiente desataría el pánico en Wall Street. Habría un efecto dominó, incluso con aquellos que no habían invertido en su fondo. Solo sus acciones tendrían como consecuencia la perdición de muchos millonarios, multimillonarios, e incluso otros fondos de cobertura. Por supuesto, ya de entrada era culpa de ellos íntegramente tanto por haber confiado en él como por haber concentrado todo su capital con él.

Miró la esfera negra de su reloj de pulsera Philippe Patek. Las manecillas plateadas apuntaban a los números romanos que indicaban que eran las cinco en punto. Frotó distraído la correa de piel de caimán, preguntándose si Ruth habría vuelto ya de hacer sus compras.

Dirigió la mirada hacia la puerta y detectó un marco de fotos torcido. Frunció el ceño. Un mundo sin orden ni estructura era un caos. Su oficina era un reflejo de aquel sentido del orden, decorada en líneas limpias y monocromáticas. Tanto su oficina de Nueva York como la de Londres eran negras, blancas o con distintos tonos de gris. Su avión privado igual.

Se levantó de la mesa de conferencias negra y se acercó a zancadas al marco para enderezarlo. Todas las fotografías eran de toros. Eran un recordatorio para él, y para los demás, de su éxito en Wall Street. Al igual que el resto de la decoración, las fotografías eran en blanco y negro.

Se le heló la sangre cuando reparó en la huella que había en la superficie. Se preocupó sobremanera. No le gustaba el desorden, y todo el mundo sabía muy bien que no debía tocar sus cosas. Ya se quejaría sobre aquel desorden a su ayudante al día siguiente.

Pero había algo más aparte del marco torcido. Su inquietud aumentó y se le aceleró el pulso cuando cayó en la cuenta de que los pocos empleados a los que se les permitía la entrada en su oficina sabían muy bien que no debían tocar sus cosas. Era evidente que había entrado alguien más, pero, ¿quién?

Pensándolo mejor, para entonces al día siguiente, ya no importaría.

Aquel piso era el dominio de su fondo de cobertura privado, fuera de los límites para casi todo el mundo en la empresa. La mayoría de los empleados ocupaban las dos plantas inferiores, donde operaba la empresa de comercialización legítima de Bernard L. Madoff Securities.

Volvió a mirar el reloj, preguntándose donde querría ir Ruth a cenar esa noche. Se volvió a dirigir lentamente hacia la mesa de conferencias y se encendió otro puro Davidoff. Aquello era lo único que le podía calmar los nervios. Tomó asiento a la cabecera de la mesa y analizó los cheques que había ante él. Los receptores no podían estar enfadados para siempre una vez se diesen cuenta del favor que les había hecho. Puede que lo odiasen por un tiempo, hasta que se percatasen de que habían recuperado más que la mayoría.

La mayoría de los cheques estaban destinados a socios con contactos que le habían proporcionado miles de millones a lo largo de los años. Tanto si se trataba de dinero propio, como si lo habían transferido a través de sus fondos de cobertura subordinados era algo irrelevante. Los cheques compraban lealtad, y eligió a los receptores con sumo cuidado. Estos también constituían el quién es quién de los ricos y poderosos, jefes de fundaciones y organizaciones de caridad, prominentes miembros de la alta sociedad y magnates. En resumen, gente que era mejor tener como aliada que como enemiga. Una vez se tranquilizasen las cosas, volverían suplicando volver a invertir con él.

No era probable que el resto de los inversores llegase a ver un centavo. Por descontado que ni iba a dejar que los burócratas del gobierno decidieran cómo repartir el poco dinero que quedaba. Todo el mundo perdió en la crisis financiera, pero los cheques mostraban que para aquellos que en realidad importaban, había antepuesto sus necesidades, justo al mismo nivel que a su familia.

Dio una profunda calada al puro y exhaló el humo lentamente. ¿Acaso había otra opción que no había considerado? ¿Quizás un viaje para jugar al golf y hacerse con nuevos inversores? No quería echar el cierre si no era necesario.

No, todo el mundo estaba a dos velas. Si hubiera más dinero, ya habría dado con él. Ya había levantado el anzuelo. Al final probablemente fuese mejor así. Había estado intentando dar con una alternativa desde hacía semanas, pero no tenía una opción mejor. Una vez se hubiese entregado, ya le caería al menos una generosa multa, pero con una declaración pactada se recuperaría.

PODRIDO HASTA LA MÉDULA

El edificio Lipstick, en el 885 de la Tercera Avenida en el centro de Manhattan era, y sigue siendo, un punto de referencia de Nueva York. La fachada de cristal rosa y granito marrón rojizo era hermosa por fuera, pero ocultaba unas entrañas podridas. La corrupción impregnaba las oficinas de Bernard L. Madoff Securities LLC, estirándose desde el piso diecisiete al diecinueve.

¿Constituían las cuentas manipuladas el motivo por el cual Madoff había tomado la funesta decisión de entregarse? Probablemente nunca lo supiera. Lo que sabemos es que el dinero para que siguiera funcionando el esquema se había acabado debido a la crisis financiera.

Es difícil de creer como pudieron permanecer ajenos a todo tantos miembros de su familia y tantos empleados de la empresa de Madoff. Según parecía, eran un grupo muy cerrado. Muchos de ellos habían trabajado allí durante décadas y había unos cuantos romances de oficina. Desafía a toda lógica que todos esos entresijos financieros permaneciesen compartimentados.

Aunque los alrededores de Madoff eran en blanco y negro, en él no había nada tan claro. Era muy riguroso con los detalles, al menos en lo que respectaba a la decoración de su oficina y a las joyas caras. No obstante, no parecía pasar nada de tiempo en el ordenador, leyendo cuidadosamente informes financieros o haciendo cualquier otra cosa que se parezca a una actividad comercial. No había necesidad, puesto que no había realizado ningún tipo de actividad comercial en trece años por lo menos.

Sería extremadamente difícil administrar un fondo multimillonario legítimo con menos de treinta empleados. Es incluso menos creíble la afirmación de Madoff acerca de que había perpetrado el fraude él solo y sin ayuda de nadir. Asumiendo que había tapado sus huellas y que había embaucado de algún modo a sus empleados, a pesar del hecho de que no había utilizado otra cosa que no fuera un teléfono, ¿cómo se las había apañado para falsificar estados de inversión y realizar aquel entramado de transferencias sin levantar sospechas?

¿Estaba diciendo la verdad al final, cubriendo a los otros? Una persona que engaña a los clientes y a amigos cercanos por igual durante décadas probablemente sea selectivo a la hora de decir la verdad.

¿Cómo llevó a cabo actividades fraudulentas diariamente a pesar de sus frecuentes viajes en avión privado o en barco? Madoff no proporcionaba detalles, probablemente por una buena razón. La falta de pruebas dificultaba dar sentido al caso en su contra. Cuanto menos dijera, más difícil sería rastrear todos los activos. ¿El resultado final? No solo un caso poco sólido, sino la posibilidad de activos aún sin descubrir.

Los Madoff parecían haber perdido casi todos sus activos, pero es difícil de creer que Madoff no tuviera un plan B. Sorprendentemente, parece que no tenía ahorros para cuando se jubilase.

Algunos sospechan que tenía dinero oculto en cuentas de mandatario en paraísos fiscales, pero recuperarlo ahora solo atraería la atención del fideicomisario de Madoff asignado para recuperar las migajas que quedasen de la estafa masiva.

Ya sabemos que Madoff trató de ocultar activos. Justo antes de que se derrumbase su esquema Ponzi, anotó cheques a personas a las que favorecía. Madoff y su mujer también enviaron joyas valoradas en más de un millón de dólares a sus hijos y a otras personas después del arresto domiciliario.

También tenía por costumbre transferir activos a nombre de su mujer, Ruth, como ya hizo en la investigación de la Comisión de Bolsas de Valores en 1996.

EN UN EQUIPO NO HAY CABIDA PARA EL «YO»

Madoff afirmó haber perpetrado el esquema completamente solo. Puede que quisiera escudar a su familia (y lo que es más importante, los activos de su familia), pero aquel intento de proteger a otras personas probablemente viniese de la mano de algún motivo ulterior. Quizás esperase que ciertos individuos devolviesen fondos a su familia después de oír lo de los activos incautados.

Como antiguo trabajador de la Comisión de Bolsas de Valores y un veterano de Wall Street, Madoff se las sabía todas. Necesitaba informes sobre transacciones subyacentes que respaldasen sus supuesto rendimiento por las inversiones, de modo que lo dispuso todo para inventárselos. Al igual que Allen Stanford, determinó qué rendimiento sería, entonces aplicó un proceso de ingeniería inversa, comenzando por las escrituras de compraventa de acciones que sustancien las transacciones, y culminando con los estados financieros que en última instancia informasen sobre los beneficios de la empresa.

Considere el enorme volumen de contabilidad algo necesario para mantenerlo todo en orden y que parezca legítimo. Madoff había sacado de la nada estados financieros ficticios, con documentación que los respaldase adecuada para aprobar el escrutinio de varias auditorias de la Comisión de Bolsas de Valores a las que se vio sometido durante muchos años.

Cuando los inversores transferían dinero o pedían que se les amortizase su inversión, alguien tenía que procesar la transacción. A pesar de lo que Madoff afirmaba en un principio, ya hemos confirmado que recibió ayuda de terceros, gente notable en su departamento de contabilidad. De hecho, realmente fue un esfuerzo grupal, con secretos que se transmitían a los nuevos miembros del personal que sustituían a los que se jubilaban.

Irwin Lipkin, el primer empleado de Madoff, fue contratado en 1964 como director financiero. Se jubiló en 1998, pero antes de eso había falsificado informes. También testificó que Madoff continuó pagándole durante muchos años después de que se retirase. ¿Era para pagar su silencio?

Enrica Cotellessa-Pitz, quien reemplazó a Lipkin tras su jubilación, admitió haber falsificado documentos sobre contabilidad y estados financieros. Casualmente también supervisó el programa anti-blanqueo de capitales de la empresa. Cotellessa-Pitz comenzó a trabajar en la empresa de Madoff hacía treinta años, y admitió haber alterado documentos después de asumir el cargo de directora financiera.

David Kugel, supervisor en el área de negociaciones por cuenta propia, ayudó a crear operaciones comerciales con carácter retroactivo ficticias suministrando precios históricos a otros dos empleados. Estos se utilizaron entonces como respaldo para esas operaciones inventadas.

Craig Kugel, el hijo de David, también trabajaba en la empresa de Madoff, en recursos humanos. Aunque no estuvo directamente involucrado en el esquema Ponzi, participó en otras actividades fraudulentas, entre las que se incluyen pagar a gente que no trabajaba de forma activa en la empresa y falsificar archivos del Departamento de Trabajo de los Estados Unidos. También cargó gastos personales a la tarjeta de crédito de la empresa.

Eric Lipkin, hijo de Irwin Lipkin, comenzó a trabajar con su padre en la empresa de Madoff y también falsificó documentos. También se beneficiaron de trabajar para Madoff, ganando generosos sueldos, y siendo poseedores de cuentas de inversión en la empresa de las cuales retiraban más dinero del que metían.

A partir de agosto de 2013, el SEC prohibió trabajar de forma permanente en el sector bursátil a David Kugel y a los dos Lipkins.

Madoff fue también extremadamente generoso – con el dinero de otros.

Entremezclados con todos estos crímenes realizó numerosas transacciones de tarjetas de crédito para comprar caprichos caras, viajes, vacaciones y otros lujos. Madoff incluso compró una casa para un empleado de que trabajó para él durante mucho tiempo valiéndose de 2,7 millones dólares de fondos de la compañía. Pocos jefes llegan hasta tal punto por sus empleados. En el improbable caso de que lo hicieran, ¿cuántos lo pagarían de su cuenta bancaria personal?

Madoff también empleó a varios miembros de la familia. Peter Madoff, su hermano, era el Director Ejecutivo de Cumplimiento de la empresa. La hija de Peter también desempeñó labores como Encargada de Cumplimiento. Los dos hijos de Madoff, Mark y Andrew, también trabajaron en la empresa, aunque ambos negaron saber nada acerca del fraude. El hijo mayor, Mark, se suicidó después que el esquema de Ponzi fuera expuesto.

Marion Madoff, la esposa de Peter Madoff, tenía un trabajo

"ausente" en la empresa. A pesar de no trabajar en Madoff Securities LLC, se le pagó un salario anual de 163.500 dólares. Aunque que muchos propietarios de empresas pagan a sus cónyuges un sueldo en circunstancias digamos cuestionables, Peter no era propietario de parte del negocio de su hermano. Era simplemente uno de los empleados altamente cualificados y muy bien pagados de su hermano, uno que realmente aparecía por la oficina.

LA ESTAFA

Bernard Madoff fue arrestado y condenado por ejecutar el mayor esquema Ponzi de la historia. Su esquema es el mayor fraude del siglo XXI, al menos hasta la fecha.

El altísimo rendimiento que ofrecía Madoff era algo legendario, y casi todos quisieron invertir en sus exclusivos fondos. Su fondo había promediado de forma consistente un rendimiento anual del 12% durante décadas. Este resultado fue notable, dado que tras varias correcciones de mercado muy agudas a lo largo de los años su empresa había seguido en funcionamiento. ¿Cómo se desenvolvió tan bien en aquellos buenos y malos momentos? O más bien, ¿cómo afirmó haberlo hecho?

Madoff afirmó usar una estrategia llamada *split-strike conversion*, también conocida como un collar. Esta estrategia emplea opciones de compra para limitar tanto las pérdidas como las ganancias de una inversión en una acción en particular. Una opción de compra de acciones es una apuesta en una acción subyacente, que le da derecho a comprar o vender una acción a un precio particular que puede ser mayor o menor al el precio actual de la acción. Una opción de compra le da el derecho de comprar una acción. Si la acción se cotiza por encima del precio de ejercicio de la opción de compra, la opción de compra se vuelve más valiosa. A la inversa, si la acción se cotiza por debajo del precio de ejercicio de la opción de compra (denominado precio de ejercicio), la opción de compra baja de valor y puede resultar inútil, ya que estas opciones tienen una vida limitada.

Aunque comprar las opciones de compra de acciones añade gastos adicionales, también limita el riesgo (y la recompensa) fijando los límites de precios superior e inferior al que se pueden comprar o vender las acciones.

La estrategia de Madoff de *split-strike* supuestamente invirtió en acciones de Standard & Poor's que siguieron de cerca al índice general de dicha empresa. La mayoría de estas acciones también daban dividendos. Además de las opciones de compra, también utilizó opciones de venta, que dan derecho a vender la acción subyacente a un precio predeterminado.

Aquí tiene un ejemplo. Digamos que compra una acción a 20 dólares que da 60 centavos en dividendos anuales. También quiere fijar su riesgo a la baja, de modo que compra una opción de venta. Esto le permite vender esa misma acción a un precio predeterminado. Compra esta opción para vender la acción a un precio cercano al que posee en la actualidad, por ejemplo a 18 dólares. Usted paga un dólar por esa opción, lo que le garantiza que puede vender la acción 18 dólares, incluso si el precio de la acción se ve reducido a cero. Ahora ha fijado al menos un precio de venta de 18 dólares, lo que conlleva una pérdida máxima de 2 dólares con respecto a su precio de compra de 20 dólares. Puede valerse de esa opción si la acción cae por debajo de 18 dólares. Sin embargo, su ventaja sigue siendo potencialmente ilimitada, pues el valor de dicha acción aumenta mientras continúe en su poder. En efecto, está comprando un seguro contra pérdidas.

Ya ha decidido que va a vender las acciones a 25 dólares, puesto que ha determinado que este precio es probable que sea el precio potencial más alto de la acción. Como ya ha se decidido por un punto de salida, ¿por qué no beneficiarse ahora fijando con anticipación un precio de venta de 25 dólares con un comprador? Esto es esencialmente lo que hace al vender una opción de compra cubierta. Cubierta significa que está vendiendo una opción para comprar acciones que ya posee.

Esta opción de compra cubierta es la segunda parte de la *split-strike conversion*. Usted vende una opción de venta a 25 dólares, y da al comprador el derecho de comprarle su acción en el futuro a 25 dólares. Su precio de 25 dólares está muy por encima del precio actual de dichas acciones para limitar la probabilidad de la ejecute en un futuro próximo. Para esta estrategia, cobra una prima de opción de compra de dos dólares del comprador. Mientras tanto usted sigue siendo propietario de la acción hasta que el precio de dicha acción exceda el precio fijado de 25 dólares, momento en el cual el comprador ejecuta su opción y le vende la acción a 25 dólares. Esto casi nunca sucede, y el vendedor de la opción (o sea, usted) simplemente cobra la prima de la opción de compra. Esta estrategia puede que dé pequeños beneficios, pero, con el tiempo, consistentes.

Nos valdremos de un ejemplo simple de lo expuesto anteriormente con una inversión que se mantuvo durante un año exactamente, con contratos de opciones utilizados en la fecha de compra y dividendos pagados anualmente exactamente un año después de dicha compra. Además, suponemos que nuestras conjeturas sobre las opciones eran correctas y que sí se dio el caso de que mantuvieran las acciones sin ejecutar las opciones de compra:

EJEMPLO DE *SPLIT-STRIKE CONVERSION*—EL PRECIO DE LA ACCIÓN AUMENTA

Fecha
   Valores
   Entrada (Salida) de efectivo
   Neto
   1 de enero
   Precio de compra
   (20,00$)

1 DE ENERO
   Compra de la opción de venta
   (1,00$)

INVERSIÓN

. . .

(21,00$)
   1 de enero
   Venta de la opción de compra
   2,00$

31 DE DICIEMBRE
   Dividendo
   0,60$

31 DE DICIEMBRE
   Precio de venta
   25,00$

GANANCIAS

27,60$
   Ganancia (Pérdida) en la inversión

6,60$
   Porcentaje de ganancia (pérdida)

31,4%

LA PREMISA de Madoff era que las opciones proporcionaban las bases para sus beneficios tan increíblemente consistentes al disminuir la volatilidad y el riesgo.

Al menos en teoría, se trata una estrategia bastante eficaz. En realidad, depende de cuánto se pague por las opciones, y el resultado final del precio de las acciones subyacentes. Debe haber un comprador y un vendedor para los precios que busca. En la práctica, podría ser muy difícil conseguir un margen lo suficientemente grande como para compensar el costo de las opciones. Además, si no puede encontrar una contraparte, es imposible completar la transacción para ejecutar la estrategia.

Si Madoff fue capaz de obtener beneficios desmesurados empleando la estrategia anterior en la Bolsa de Nueva York, ¿por qué no siguieron el ejemplo otros fondos para lograr rendimientos similares? Las estrategias más rentables rara vez permanecen en secreto durante mucho tiempo.

Madoff también documentó ganancias consistentes mes tras mes, año tras año, a pesar de las fluctuaciones del mercado. Incluso si esta estrategia fuera tan fructífera como él afirmaba, no permitiría siempre que el inversor fijase las ganancias y eliminase las pérdidas. Veamos de nuevo el ejemplo anterior, pero esta vez vamos a suponer que el precio de las acciones en realidad cayó a 16 dólares. Entonces habríamos usado la opción de venta para el siguiente resultado:

EJEMPLO DE *SPLIT-STRIKE CONVERSION*—DISMINUCIÓN DEL PRECIO DE LAS ACCIONES

Fecha
 Valores
 Entrada (Salida) de efectivo
 Neto
 1 de enero
 Precio de compra
 (20,00$)

1 DE ENERO
 Compra de la opción de venta

(1,00$)

INVERSIÓN

(21,00$)
 1 de enero
 Venta de la opción de compra
 2,00$

31 DE DICIEMBRE
 Dividendo
 0,60$

31 DE DICIEMBRE
 Precio de venta (Uso de la opción de venta)
 18,00$

GANANCIAS

20,60$
 Ganancia (Pérdida) en la inversión

(0,40$)
 Porcentaje de ganancia (pérdida)

(1,9%)

. . .

LA ESTRATEGIA *SPLIT-STRIKE* no garantiza las ganancias. Minimiza la volatilidad o el alcance de las pérdidas, pero no la dirección. Una pérdida seguirá siendo una pérdida, aunque una pérdida menor, ya que la opción de venta permite vender la acción a un precio fijo. Comprar opciones reduce la volatilidad general, pero el costo de dichas opciones también implica un menor rendimiento general.

Utilizando el ejemplo de *split-strike* expuesto anteriormente, el rendimiento podría haber variado de unas ganancias del 31,4% a unas pérdidas del 1,9%. Invertir en acciones directamente sin la estrategia de las opciones tendría un beneficio neto del 25% o unas pérdidas del 23,8%.

En resumen, la estrategia reducirá el beneficio al alza (debido al costo de protección de la opción de venta), pero también minimizará las pérdidas. Lo que no hace de entrada es eliminar la posibilidad de tener pérdidas.

Hubo varias correcciones importantes del mercado durante el horizonte temporal de inversión de Madoff donde todas las acciones sufrieron pérdidas. Habría sido imposible que los fondos de Madoff no tuvieran pérdidas durante aquel período de declive del mercado.

Incluso los administradores de capitales profesionales eran ajenos al fraude de Madoff, ya que gran parte del dinero invertido provenía de otros fondos de cobertura «subordinados». Aquello resultó en que muchas personas descubrieron que su supuesta inversión segura estaba en realidad en un fondo subordinado al de Madoff.

Lo más destacable es que estos fondos subordinados no detectaron aquel longevo fraude, ni se cuestionaron varias nociones básicas. No se preocuparon mientras el dinero seguía fluyendo. En lugar de realizar investigaciones bursátiles que tanto tiempo conllevarían, podían simplemente limitarse a dejar el dinero de sus clientes en el fondo de Bernie y dirigirse al campo de golf. Los beneficios continuaron como siempre lo habían hecho: todos ganaban, tanto el administrador del fondo como sus clientes. ¿Cómo podría ir algo mal con un rendimiento garantizado?

Todos sabemos como acabó aquello. Pero, ¿por qué nadie había expuesto antes a Madoff? Como ex presidente del NASDAQ, ¿su reputación lo eximía de cualquier culpa? Tal vez él era simplemente demasiado poderoso, capaz de crear o destruir la carrera profesional de alguien con unas pocas palabras dispuestas en el lugar adecuado. Algunos competidores e inversores potenciales informaron de sus sospechas a la Comisión de Bolsas de Valores. Esta realizó varias investigaciones, pero con resultados no concluyentes.

A pesar de los muchos indicadores y de varios denunciantes insistentes, la Comisión de Bolsas de Valores hizo la vista gorda la mayor parte del tiempo. Cuando sí que investigaron, lo hicieron solo a un nivel superficial. Aunque que las razones detrás de sus acciones van más allá de lo que este libro abarca, una razón simple por la que Madoff escapó de un escrutinio más minucioso fue que la gente rara vez cuestiona la buena suerte hasta que esta se convierte en mala. Muchos de los escépticos acerca de Madoff se limitaron a alejarse, eligiendo no invertir. Ellos asumieron que el regulador ejercería una supervisión y acción apropiadas.

Askia LLC, un asesor de fondos de cobertura, había revisado y desaconsejado previamente invertir en los fondos que estaban subordinados al fondo de Madoff. Jim Vos, Director Ejecutivo y de Investigación, y Jake Waltour, Director de Servicios de Asesoramiento, hicieron una declaración a los inversores poco después de que se expusiera la estafa de Madoff.

Aunque no estudiaron el fondo propio de Madoff, examinaron los fondos subordinados a este. Como consecuencia de esa diligencia debida, decidieron no invertir en los fondos subordinados.

Su declaración citó muchos factores que sentaron las bases de su anterior recomendación de no invertir. Una vez identificados, esos factores parecen claramente obvios. Algunas de sus señales de alarma incluían:

1. El analista interno de Askia realizó un proceso de retroingeniería a las supuestas transacciones de los fondos subordinados, pero se dio cuenta de que no podían reproducir el rendimiento empleando la metodología de Madoff. Era por una sencilla razón, el mercado de opciones

de Standard & Poor's era sencillamente demasiado pequeño para acomodar el gran volumen de operaciones necesarias para producir los beneficios que prometía su fondo multimillonario.

2. A pesar del gran tamaño de los fondos subordinados y del uso de auditores y administradores de renombre, el custodio del fondo fue la misma Madoff Securities. Esto es algo muy inusual, ya que normalmente se recurre a custodios que no guarden relación directa con las partes. Separan la figura del custodio físico de inversiones de la del gestor de inversiones. Esto hizo que Askia emprendiese más diligencia debida. Una revisión de la auditoría reveló otro hecho alarmante. Madoff utilizó una empresa de contabilidad cuya plantilla la formaban tres personas para auditar su fondo multimillonario, de los cuales sólo un empleado ejercía como contable. Sería imposible que un solo contable auditase un fondo multimillonario.

3. Los estados financieros auditados de los fondos subordinados indicaron que había por lo menos 13.000 millones de dólares en valores, aunque los formularios de valores 13F requeridos mostraron sólo pequeñas cantidades de acciones. Los administradores de los fondos subordinados afirmaban que aquello era el resultado de una estrategia para obtener 100% de efectivo al final del trimestre. Desenmarañar todas las posiciones supuestamente cubiertas para alcanzar esta posición de efectivo del 100% desafía toda lógica. Si cree que su estrategia de inversión subyacente es sólida, ¿por qué iba a liquidarla? Incluso suponiendo que hubiera una buena razón, ¿por qué se podían hacer efectivas las inversiones solo al (y exactamente en el) término del trimestre?

4. Las transacciones de fondos de Madoff eran sobre papel, a pesar de que afirmaban utilizar tecnología para actividades comerciales muy avanzada. Los administradores de fondos subordinados recibieron las escrituras de compraventa de

acciones por correo postal y no tenían acceso electrónico a sus cuentas. Esas escrituras permitieron a Madoff manipular potencialmente los resultados para hacerlos como él quería que fueran.

5. Madoff recurrió a miembros de su familia (dos hijos, un hermano y una sobrina) para que ocupasen posiciones clave, tales como el cumplimiento dela normativa. Las transacciones de los fondos subordinados eran altamente secretas y los detalles solo los conocía un selecto grupo de personas en la empresa.

6. Madoff Securities controló todos los aspectos de la negociación, custodia y administración, ya fuese directamente o a través de cuentas de corretaje discrecionales. No hubo separación ni supervisión independiente.

Hubo otra razón importante por la que el fraude de Madoff no se detectó durante tanto tiempo. Muchos de sus clientes eran fondos de dotación o fundaciones privadas. Las fundaciones privadas están obligadas a pagar el 5% de su capital cada año, y normalmente no pagan más del mínimo, con el fin de mantener suficiente capital para financiarse indefinidamente. No había riesgo de que la fundación amortizase los fondos siempre y cuando los supuestos beneficios fueran espectaculares. Con solo pagar un 5%, Madoff tenía dinero para jugar durante décadas.

Si las organizaciones benéficas y otros inversores de Madoff hubieran analizado un poco los antecedentes o hubiesen comprobado referencias, también habrían descubierto estas cuestiones. Llevaron a cabo poca o ninguna diligencia debida. Todo lo contrario, estaban cegados por sus beneficios por encima de la media y la reputación de la que gozaba Madoff como genio financiero.

Bernard Madoff no era el típico estafador Ponzi. A los setenta años de edad, era muy conocido en Wall Street, habiendo trabajado como presidente del mercado de valores NASDAQ en 1990, 1991 y 1993. ¿Había tenido éxito ya en el momento en el que perpetró la estafa, o empezó mucho antes? ¿Podría haber sido de entrada su esquema Ponzi la razón subyacente de su éxito?

LOBOS EN EL GALLINERO

Si bien la obligación de la Comisión de Bolsas de Valores es proporcionar una supervisión independiente de los mercados financieros, en realidad es muy difícil para este organismo permanecer completamente a distancia. Muchos empleados de la Comisión pasan a trabajar para las empresas de Wall Street, atraídos por salarios de hasta diez veces más de lo que pueden ganar en la agencia gubernamental. La mayoría son reacios a investigar diligentemente a los futuros empleadores que algún día podrían pagarles sueldos multimillonarios. Incluso si van tras los VIP, es posible que sus superiores presten oídos sordos. Como poco, estas investigaciones pueden suponer un lastre para su carrera. La mezcla de trabajo y oportunidad ha creado un círculo incestuoso.

La sobrina de Madoff (Encargada de Cumplimiento y abogada en la empresa de Madoff) se casó con Eric Swanson, un ex-director asistente de la Comisión de Bolsas de Valores. Se conocieron mientras Swanson estaba investigando Madoff Investment Securities LLC, una de las tantas investigaciones de este tipo que llevó a cabo en los años previos a la detención de Madoff en 2008. Si bien no se atribuyó oficialmente ningún delito a estas dos personas, sí que se ilustra un ambiente demasiado acogedor entre Wall Street y la Comisión.

La relación de Swanson con Shana Madoff parecía ser ciertamente un conflicto de intereses. No reveló su relación a su supervisor en la Comisión hasta abril de 2006 cuando surgieron dudas sobre la operación de Madoff. Antes de eso, en marzo de 2004, un abogado de la Comisión que trabajaba dos niveles por debajo de Swanson informó sobre operaciones inusuales relacionadas con los fondos de Madoff. Se le dijo al abogado que mirase para otro lado.

Shana Madoff nunca ha sido acusada en relación con el esquema Ponzi. Sin embargo, ocupó un puesto ejecutivo inmediatamente después de graduarse en la facultad de derecho. Son pocos los recién graduados que podrían esperar un cargo tan alto en una empresa de inversión multimillonaria. Sólo un puñado alcanzaría tal nivel tras décadas de trabajo. Por supuesto, haber ayudado a Peter Madoff, su padre, como Director Ejecutivo de Cumplimiento, ayudaba.

La responsabilidad de Shana como Encargada de Cumplimiento era certificar la precisión de los informes financieros de la empresa. Firmó informes que mostraban que había veintitrés clientes que poseían 17.100 millones dólares en activos administrados. En realidad, había 1.900 inversores que supuestamente tenían inversiones con un valor actual de 68.000 millones de dólares.

Incluso echando un vistazo por encima a los libros de contabilidad de la empresa, quedaría patente una diferencia entre 23 clientes y 1.900 inversionistas, algo que la señora Madoff debería haber hecho como parte básica de su trabajo. O era negligente y no cumplía adecuadamente con los deberes de un Encargado de Cumplimiento, o era conocedora de las discrepancias. Como abogada, debería haber sabido que firmar estados falsos es un delito.

Madoff fue muy cuidadoso a la hora de evitar el escrutinio. Se negó a responder a cualquier pregunta, especialmente de otros administradores de fondos de cobertura analizaban minuciosamente o que aplicaban procesos de retroingeniería su esquema. Su naturaleza esquiva se sumaba a la mística; la excusa de que si divulgaba su estrategia la copiarían fue eficaz. En realidad, cualquier detalle que proporcionase permitiría a aplicar un proceso de retroingeniería a sus operaciones comerciales, que por supuesto eran inexistentes. Proporcionar respuestas a los interrogatorios de analistas financieros habría expuesto rápidamente su estafa.

Aunque que Madoff contaba con muy buenos contactos, tuvo cuidado de distanciarse de la recaudación de fondos real. Él era inaccesible, y se negó a debatir sus estrategias de inversión con nadie. Esto no solo hizo que tuviera las manos limpias, sino que también mostraba un aire de exclusividad.

Ya sea por el poder de Madoff como expresidente de la NASDAQ o por alguna otra razón que no sabemos, los trabajadores de la Comisión de Bolsas de Valores parecían mirar hacia otro lado.

A pesar de sus afirmaciones, Madoff nunca trabajó solo. Aunque que ciertas personas conocían más piezas del rompecabezas que otras, había por lo menos media docena de personas que eran cómplices en el fraude. Algunos inventaron escrituras de compraventa de acciones, otros solicitaron dinero nuevo, a sabiendas de que nada sustentaba las inversiones, y otros proporcionaron informes de auditoría sin tan siquiera examinar los libros. Era una máquina fraudulenta bien engrasada. Estas personas se beneficiaron financieramente de una manera u otra. Madoff sencillamente no podría haber conseguido llevar a cabo una estafa de esta magnitud sin ayuda.

Aunque que Bernie Madoff afirmó ser el único responsable, no es un mártir. Echarse la culpa mantuvo en secreto otros detalles, por lo que el caso penal fue más difícil de probar. En cierta medida, probablemente quisiera llevarse el mérito de aquella estafa que había perdurado décadas. La idea de superar a tanta gente le dio derecho a jactarse.

Dado que Madoff ya era fabulosamente rico, ¿por qué realizó un esquema Ponzi? Según parecía, no necesitaba el dinero; ya era un multimillonario. Arriesgarse a que lo arrestaran cuando ya era rico parecía una locura, pero como ya hemos visto, el dinero rara vez es el único motivo para cometer fraude. El ego y el poder a menudo desempeñan papeles fundamentales, y estos factores parecen haber contribuido a que Madoff llevase a cabo la estafa.

Sin embargo, hay otra posibilidad. ¿Y si la ya existente fortuna de Madoff no era lo que parecía ser? ¿Y si la mayoría de sus miles de millones no provenían de sus legítimas actividades bursátiles, sino de fraudes anteriores? ¿Podría su engaño haberse iniciado mucho antes de lo que se sospecha? Ese podría ser el caso, dadas algunas de las dudosas actividades en curso desde la década de 1980.

LOS CONTABLES

Para entender realmente cómo adquirió tales dimensiones el esquema de Madoff, hemos de volver atrás en el tiempo. Específicamente, debemos prestar atención a los contables que permitieron su precoz éxito. Durante un tiempo, estuvieron en el centro de todo.

Bernard Madoff fundó su negocio de inversión en 1960, poco después de casarse con Ruth Alpern en noviembre de 1959. Eran novios desde secundaria, ambos habían asistido al instituto Far Rockaway. Según escribió Ruth en una nota a los exalumnos por el 50 aniversario de la graduación, Ruth y Bernie «trabajaron juntos en el negocio de inversiones que él fundó en 1960». También fue directiva de la compañía.

Había otra conexión familiar: la empresa de Madoff utilizó los servicios de la empresa de contabilidad que había fundado el padre de Ruth. Saul Alpern era socio de la empresa de contabilidad Alpern y Heller. En 1962, el nombre cambió a Alpern y Avellino con la salida de Heller y la suma de Frank Avellino a la empresa. Cuando el padre de Ruth finalmente se jubiló y Michael Bienes se unió, el nombre cambió a Avellino y Bienes.

La Comisión de Bolsas de Valores investigó Avellino y Bienes en 1992. En ese momento, la Comisión descubrió que estaban actuando como asesores de inversiones no registrados solicitando fondos de inversión. Prometían un 10% de beneficio, redactando cuidadosamente la descripción para que sugiriera que se otorgaba un pagaré en lugar de una inversión en el mercado de valores. Siempre y cuando no estuvieran vendiendo valores, pensaron que podrían actuar fuera del marco regulatorio de la Comisión. Esta pensó lo contrario y determinó que de hecho estaban vendiendo valores después de examinar los registros de la empresa de contabilidad a principios de la década de 1990. Los siguientes fragmentos son de una carta real de Avellino y Bienes a un potencial inversor en agosto de 1991:

Avellino y Bienes invierte con un Corredor de Bolsa particular de Wall Street (la misma empresa desde que comenzamos a hacer negocios hace más de 25 años) que compra y vende acciones y bonos en nombre de Avellino y Bienes. La lista de valores con los que comercia son empresas punteras, como IBM, AT&T, etc. Es la mecánica que se utiliza para proteger nuestra cartera la que hace que nuestro negocio tenga éxito, no solo los valores con más renombre con los que se comercializa.

Todo lo que aparece en el primer párrafo implica la inversión en valores (acciones, bonos y títulos). Después de citar algunos de los valores estrella, menciona algunos «mecanismos» vagos que «protegen» la cartera, sin mencionar exactamente cuáles son esos mecanismos o cómo podrían funcionar para generar ingresos de las inversiones con éxito.

Invertir con un corredor de bolsa particular (sin nombre) de Wall Street lo suficientemente importante como para tener su nombre en mayúscula seguramente le impresionaría, incluso si no se le permitiera conocer su nombre.

La única afirmación explícita es que el «inversor» es Avellino y Bienes. En otras palabras, por descontado que no es el destinatario (es decir, la persona que entrega el dinero a Avellino y Bienes). La redacción elude las regulaciones del mercado de valores y los requisitos de registro:

No fomentamos la creación nuevas cuentas y por lo tanto no las solicitamos. Sin embargo, sí que nos gusta acoger a esas personas, etc. que vienen recomiendan, como es su caso a través de Virginia Atherton. Resumiendo, este es un grupo muy privado y no se han imprimido estados financieros, prospectos ni folletos, ni tampoco están disponibles.

¿Acaso no somos afortunados por el hecho de que aunque nos disuaden de invertir nuestro dinero, están dispuestos a hacernos un favor? No todo el mundo recibe una recomendación para un club que es lo suficientemente secreto para tomar su dinero y no proporcionarle ninguna prueba escrita de su paradero real ni ahora, ni en el futuro. Ni siquiera fomentan la creación de nuevas cuentas, pero ya que lo pregunta, le "acogerán" tomando su dinero.

Tampoco solicitan inversiones. Una renuncia importante, ya que esto les obligaría a registrarse como un asesor de inversiones:

Permítame aclarar una cosa importante. El dinero que se envía a A&B es un préstamo a A&B, que a su vez invierte en nombre de A&B por el cual nuestros clientes reciben pagos trimestrales en concepto intereses.

. . .

ESTA DECLARACIÓN ES un poco jerga jurídica que categoriza las contribuciones como préstamos en lugar de como una inversión en acciones. Ahora que le han impresionado con la oportunidad de obtener un rendimiento de la maravillosa y misteriosa cartera de la que se habla en el primer párrafo, esta declaración lo llama explícitamente un préstamo y no una inversión. De esta manera no cae bajo el escrutinio de las leyes del mercado valores y de la Comisión de Bolsas de Valores. Si no están vendiendo inversiones, no tienen que registrarse con la Comisión como asesores de inversión o cumplir con sus exigentes reglas, como emitir un folleto. Por supuesto, tanto si la oferta es un préstamo o una inversión es algo que determina en última instancia la Comisión y las normativas del mercado de valores.

¿Cuántas empresas de contabilidad piden prestado dinero a tasas exorbitadas para adquirir inversiones con un fuerte apalancamiento? No muchas. ¿Por qué no puede la empresa simplemente recurrir a un banco para que le preste el dinero? ¿Los bancos ofrecerían tarifas competitivas en una inversión de bajo riesgo? Por último, pero no menos importante, esta exitosa empresa probablemente tendría buenos contactos con los bancos.

Las señales de alarma prácticamente saltaron de las páginas a posteriori. Por supuesto, la Comisión de Bolsas de Valores también lo pensó en ese momento, y determinó que Avellino y Bienes estaban promocionando inversiones violando la Ley de Valores.

La investigación de la Comisión de Bolsas de Valores desenterró la conexión con Madoff. Avellino y Bienes prometieron beneficios del 13% al 20% mientras entregaban todo el dinero al señor Madoff. Avellino afirmó que eran responsables del beneficio declarado, independientemente del rendimiento real de Madoff. Esta afirmación fue sorprendente, teniendo en cuenta que la pequeña empresa de contabilidad había canalizado 441 millones de dólares a Madoff, lo que representaba el capital de 3.200 clientes. Un buen montón de ese capital podría haber salido mal parado, dada la fluctuación de los mercados. No obstante, parece que no fue así. A pesar de las fluctuaciones bursátiles, no se registraron pérdidas de ningún tipo. Ni una siquiera.

Tampoco había registros que respaldasen aquellas afirmaciones. Es muy improbable que una empresa de contabilidad en particular no tenga los libros de contabilidad de sus propias transacciones, especialmente las que entrañan varios millones de dólares. La Comisión de Bolsas de Valores sospechaba que se trataba de un esquema Ponzi.

A Avellino y Bienes los representó el abogado Ira Sorkin. Casualmente, Sorkin se convirtió más tarde en el abogado que defendiera a Madoff. Al principio de su carrera, Sorkin había sido un abogado en plantilla de la Comisión de Bolsas de Valores, y después de eso, administrador regional. También había trabajado como fiscal federal. Su conocimiento y contactos tuvieron como resultado un acuerdo muy ventajoso para Avellino y Bienes.

La Comisión llegó a un acuerdo con la empresa de contabilidad, y les permitió simplemente reembolsar a todos los inversores su dinero. Avellino y Bienes recibieron una amonestación: después de admitir que actuaron como asesores de inversiones no registrados, cerraron, pagaron los costos de la empresa auditora y una multa de 350.000 dólares.

Madoff, en ese momento, afirmó que Avellino y Bienes era un fondo subordinado y que no tenía ni idea de que la empresa no estaba registrada. Canalizar el dinero a través de Avellino y Bienes resultó ser la excusa perfecta para Madoff, ya que lo aisló de los ojos indiscretos de los reguladores. Avellino & Bienes se enriquecieron en el proceso. En el momento en que todo esto sucedió, Madoff era presidente del mercado de valores NASDAQ.

En retrospectiva, los inversores de Avellino y Bienes tuvieron mucha suerte. Según el comunicado de prensa del FBI del 10 de marzo de 2009, el esquema Ponzi de Madoff había estado en funcionamiento desde la década de 1980 por lo menos. Es probable que estos inversores de Avellino y Bienes todavía tuvieran su dinero invertido en el fondo de Madoff si la Comisión no hubiera cerrado el fondo subordinado de Avellino y Bienes. Al menos en teoría, a los inversores posteriores de Madoff se les podría deber una porción del dinero que fue devuelto a los inversores de Avellino y Bienes, puesto que todo el capital recuperado debería dividirse proporcionalmente. Los inversores de Avellino y Bienes recuperaron el 100% del capital invertido, mientras que otros inversores de Madoff recibieron poco o nada en absoluto.

La suerte de Madoff no parecía acabar nunca. La investigación sobre el fraude de Avellino y Bienes no fue a más. Madoff siguió adelante, como de costumbre, salvo por el hecho de que tenía que encontrar otra empresa de contabilidad puesto que Avellino y Bienes había cerrado. Se dirigió a otro amigo, Jerome Horowitz, que dirigía una pequeña empresa de contabilidad con su yerno, David Friehling. Después de que Horowitz se jubilase, Friehling se convirtió en el único auditor del negocio multimillonario de Madoff.

Fue una medida interesante, dado que Friehling no tenía autorización para realizar auditorías de la Sociedad Americana de Contables Públicos Certificados (en inglés, *American Society of Certified Public Accountants*), el órgano rector de los contables en los Estados Unidos.

Los auditores no sólo necesitan la aprobación de este órgano rector, sino que también deben participar en un proceso de arbitraje para que su trabajo sea validado por otras empresas auditoras. Se trata de un control de cumplimiento y supervisión, que garantiza la competencia y la independencia.

Friehling había proporcionado una confirmación por escrito a la Sociedad Americana de Contables Públicos de que su empresa no realizaba auditorías. Sin embargo, proporcionó dictamen de auditoría sobre los estados de Madoff. Posteriormente admitió que no había realizado auditoría alguna, sino que simplemente había sellado los estados financieros como auditados.

Además de mentir acerca de las auditorías, Friehling tenía un conflicto de intereses, ya que había invertido personalmente con Madoff. Se prohíbe a los auditores auditar a las empresas en las que tienen interés propio.

Por sus transgresiones, Friehling fue recompensado con una larga sentencia en prisión. También perdió su certificado de Contable Público, y se le prohibió volver a ejercer como contable. Aunque Friehling fue castigado por mentir sobre la inexistente auditoría, nadie parecía darse cuenta de que la empresa de Madoff había escapado a una auditoría, lo que habría conllevado el examen de los libros y registros de su empresa. Sin una auditoría, Madoff se había librado una vez más. Su mayor problema era buscar otra empresa de contabilidad que quisiera cooperar.

¿Por qué nadie tocó las señal de alarma sobre el hecho de que fuese la pequeña empresa contable de Friehling la que auditaba el fondo de cobertura multimillonario de Madoff? En retrospectiva, vemos que muchas personas eran sospechosas a lo largo de los años, pero cada vez que la Comisión de Bolsas de Valores o cualquier otra autoridad sospechaba algo, no prestaron mucha atención.

Teniendo en cuenta todas las flagrantes señales de alarma y la rotación incestuosa de especuladores entre los que regulaban y a los que regulaban, uno tiene que preguntarse cuántas otras estafas masivas están en funcionamiento ahora.

POST-MADOFF

La estafa de 65.000 millones de dólares de Madoff le valió la máxima pena de prisión permitida. Ciento cincuenta años deberían ser tiempo suficiente para pensar en todas las personas a las que había perjudicado. Por supuesto, cualquiera que estafase a tantas personas durante varias décadas es poco probable que lamentase algo que no fuese el hecho de que lo hubiesen pillado.

Las víctimas de Madoff por descontado que sienten remordimientos, y es realmente trágico ver la devastación que el egoísmo de una persona ha desatado sobre tantas víctimas inocentes. Ciento cincuenta años nunca devolverán a estas personas sus fondos de jubilación, los ahorros o el resto del dinero que han perdido. La sentencia de Madoff tampoco ayudará a restaurar su fe en la humanidad.

Algunos podrían argumentar que los inversores deberían haber visto las señales de alarma. Sin embargo, a pesar de las numerosas señales, siempre vemos los errores una vez que los hemos cometido. Algunas víctimas recurrieron a asesores financieros profesionales en busca de asesoramiento. Otros, arrastrados por el éxito de amigos y parientes, estaban ansiosos por conseguir acceder a aquellos beneficios estelares.

Aquellos que invirtieron en fondos subordinados que canalizaban capital al esquema Ponzi de Madoff como regla general tenían poca o ninguna información sobre la inversión subyacente. Una inversión de tan solo una línea puede que hubiera identificado el fondo de Madoff como un conglomerado, pero no proporcionó más información sobre los activos contenidos en él. Aparte de la falta de transparencia, muchos no tenían la perspicacia financiera para hacer las preguntas correctas. Otros observaron los históricos beneficios y asumieron que no solo eran reales, sino que el mismo aquello continuaría en el futuro. Esto ilustra quizás la mejor lección para todos nosotros; nunca invierta en algo que no entiende. La única persona que es responsable en última instancia de su propio bienestar, ya sea financiero, emocional o de otro tipo, es usted.

PONZI Y LOS ESQUEMAS PIRAMIDALES

LA GENTE UTILIZA LOS TÉRMINOS ESQUEMA PONZI Y ESQUEMA piramidal de forma indistinta para describir estafas en las que se les paga a los primero inversores con el dinero que aportan los últimos. Ambos esquemas comparten características, como generosos beneficios y pagos rápidos. ¿Son realmente lo mismo?

No. Sin embargo, hay similitudes sorprendentes. En ambos esquemas, los inversores obtienen a menudo generosos beneficios, como ya hemos visto en los esquemas Ponzi tratados en este libro.

Las primeras víctimas de los esquemas Ponzi obtienen buenos pagos, tanto como incentivo para que inviertan más fondos, como para embaucar a otros inversores cuando se lo cuenten a sus amigos. Los primeros que entran en un esquema piramidal también tienen más probabilidades de que les paguen aquellos que entren después en el esquema. El hecho de que es un esquema aún se desconoce. Hay muchos contribuidores potenciales que reclutar y el mercado está aún sin explotar.

Otra característica que ambos esquemas comparten es la presencia de aún elemento externo o complicado. El concepto se presenta, pero los detalles subyacentes nunca se explican completamente. Si se proporcionasen más antecedentes, quedaría patente que no hay ningún negocio significativo detrás del esquema.

Ambos se venden con urgencia y a menudo incorporan una oferta por tiempo limitado. En el caso de un esquema Ponzi, se retrata como una oportunidad de inversión única en la vida. En el caso de un esquema piramidal, se promociona normalmente como «formar parte de algo grande» con una mayor seguridad en los pagos.

Aunque hay similitudes, también hay diferencias.

La diferencia más significativa entre un esquema Ponzi y un esquema piramidal es a quién está dando su dinero. En un esquema Ponzi, paga al estafador directamente. A menudo se retrata como una inversión en el negocio del estafador Ponzi, o como el inversor que proporciona un préstamo para financiar algo, como inventario. En un esquema piramidal, da su dinero a los inversores que hay por encima de usted. Los primeros que contribuyeron al esquema suelen ser los únicos que ganan dinero.

En un esquema piramidal, cada participante solo tiene acceso a una cantidad limitada del dinero del esquema, ya que solo obtiene el pago de las personas que invierten después de que él lo hace. En un esquema Ponzi, el estafador tiene acceso a todo el dinero.

Los esquemas piramidales requieren que todos participen activamente en la contratación. Los participantes son muy conscientes de que sin el impulso de los nuevos inversores, todo se derrumbaría. Los pagos a la gente de la parte superior de la pirámide dependen de captar capital nuevo para el fondo.

Este auto-reclutamiento no forma parte normalmente de un esquema Ponzi, pero es la marca distintiva que se reconoce de forma más fácil en un esquema piramidal. Mientras que los que entran en un esquema piramidal puede que entiendan cómo funcionan los pagos, es poco probable que sepan si están entrando en los inicios de la pirámide, o en una etapa posterior, cuando hay un mayor riesgo de que el flujo de dinero se detenga.

La persona que comienza la pirámide también podría enumerar contribuyentes "falsos" para que parezca que hay más personas contribuyendo de las que en realidad son. De esta manera, hace que siga entrando dinero, ya que el siguiente nivel de contribuidores pagan a la persona que está por encima de ellos.

PARTICIPACIÓN PASIVA VS. PARTICIPACIÓN ACTIVA

Para facilitar la referencia, llamaremos a los contribuidores en cualquiera de los esquemas «inversores», solo porque es así como los contribuidores se etiquetan a menudo. Utilizamos el término inversor muy libremente, ya que es lamentablemente obvio que ni el esquema Ponzi ni el esquema piramidal son nada parecido a una inversión legítima.

Curiosamente, la mayoría de los inversores de la estafa piramidal saben que en un momento dado el colapso es inevitable. Al igual que sucede con los niños que juegan a *las sillas musicales*, existe un miedo muy real por si no obtienen una silla cuando se detenga la música. Sin embargo, debido a que están activamente aportando nuevos inversores, sienten una falsa sensación de control. Están seguros de que pueden reclutar a suficientes personas para asegurar su propio pago y prever la implosión final huir del colapso. Por supuesto, es raro que la gente juegue a este juego durante un período de tiempo suficientemente corto, y la mayoría perderá su dinero.

Compare esto con un esquema Ponzi, donde el inversor entrega su dinero sin ninguna participación activa posterior. Naturalmente, el inversor de un esquema Ponzi asume que su inversión es pasiva y legítima. En otras palabras, asume incorrectamente que su dinero está bajo administración profesional. Como sabemos, nada más lejos de la realidad.

SENTIDO DE URGENCIA

En un esquema Ponzi, sólo el estafador siente un sentido de urgencia después de la inversión original. Los inversores del esquema Ponzi creen que su dinero está en una inversión legítima que planean mantener durante mucho tiempo. Creen que el único riesgo por el que pueden verse afectados son las fluctuaciones generales del mercado. Compare esto con un esquema piramidal, donde todos los contribuidores sienten la necesidad de actuar rápidamente. Saben que sin dinero nuevo, el esquema se derrumbará y el suyo. Deben permanecer muy motivados para reclutar a nuevos contribuidores a la pirámide o no les pagarán.

PERCEPCIÓN DE LEGITIMIDAD

Los inversores de un esquema piramidal a menudo sienten que aquello en lo que están invirtiendo podría ser ilegal. Aun así, la promesa de rendimientos tan lucrativos otorga un ambiente de emoción. En cierta medida, se preocupan de que es demasiado bueno para ser verdad, pero no se quieren perder la acción.

Ellos saben que con la mayoría de los esquemas piramidales, en el mejor de los casos, no lograrán ganar dinero y, en el peor, perderán todo su dinero. Sin embargo, suponen que están contribuyendo en el momento adecuado, por lo que creen que vale la pena jugar. Para muchas personas es como comprar un billete de lotería. Ambos sistemas juegan con nuestra codicia.

TAMAÑO DE LA INVERSIÓN Y NÚMERO DE INVERSORES

Puesto que los esquemas piramidales implican normalmente cantidades de dinero más pequeñas que los esquemas Ponzi, son necesarios muchos más inversores. Cada persona debe reclutar a muchas personas en niveles más bajos para conseguir obtener algo de dinero. Pequeñas inversiones de muchas personas indican un esquema piramidal potencial.

Una inversión más pequeña también significa no solo que es menos probable que los participantes en el esquema piramidal investiguen los detalles por adelantado, sino que también es menos probable que emprendan acciones legales cuando esa estrategia finalmente no consigue cumplir con los pagos.

HORIZONTE DE INVERSIÓN

El horizonte de inversión o el período de amortización representa el tiempo transcurrido entre la inversión y la amortización. Normalmente, el horizonte de inversión en un esquema de pirámide es muy corto, a menudo se trata de semanas. Algunos de los esquemas piramidales más exitosos de la historia han durado de 12 a 18 meses, lo que es inusualmente largo. La operación continua de un esquema de pirámide requiere que muchas personas recluten constantemente a otras, por lo que el que algo falle no se hace de esperar. Un esquema piramidal es como una cadena de cartas: una pausa y la pirámide se desmorona.

Los esquemas Ponzi tienden a durar más tiempo, a menudo años o décadas. Hay menos inversores, y cada uno aporta generalmente cantidades mucho más grandes que en un esquema piramidal. La gran suma de dinero en un esquema Ponzi proporciona estabilidad y aguante. Todas las cantidades las controla y manipula el estafador, que por supuesto hará todo lo posible para estirar el horizonte de inversión. Al convencer a los inversores de que reinviertan el dinero, puede administrar con eficacia los niveles de efectivo.

AFINIDAD

Los esquemas Ponzi y los esquemas piramidales se sustentan en la confianza, solo que de formas diferentes. Los esquemas Ponzi están orientados a grupos, que están afiliados por asociaciones comunes. Puede ser por religión, nacionalidad o ideologías políticas. El European Kings Club Ponzi empleó una teoría de conspiración como tema común: nosotros contra ellos. Confiamos en los que son iguales a nosotros. También podríamos sentirnos afines a la gente que esta de nuestra parte cuando nos enfrentamos a un enemigo común.

Los esquemas piramidales se basan en la afinidad pero con una ligera variación. Puesto que se requiere que el inversor reclute a miembros nuevos, se enfoca naturalmente en amigos y familiares. El boca a boca implica confianza. No hay mejores vendedores que aquellos a quienes conoce y en quienes confía. Como tendemos a asociarnos con gente que son como nosotros, el resultado final es naturalmente la afinidad. Ese es el motivo por el que la gente involucrada en esquemas piramidales tiende a provenir de los mismos orígenes.

Como un esquema piramidal requiere mucha más gente, también se propaga como la pólvora. Oirá hablar de ello desde múltiples fuentes de forma simultánea. Si su abuela de ochenta años esta reclutando febrilmente a otros feligreses en la parroquia, podría tratarse de un esquema piramidal. Si oye hablar de una oportunidad de hacerse rico de la boca de distintas personas de su círculo social, podría tratarse de un esquema piramidal. Si todos le urgen para que contribuya, y rápido, antes de que se desplome, entonces se trata definitivamente de un esquema piramidal.

Quizás oiga historias sobre rendimientos maravillosos, solo que el personaje con suerte es el amigo de un amigo, nunca se trata de nadie que pueda verificar de forma independiente. Semejante declaración tan improbable casi siempre apunta a un esquema piramidal.

REPERCUSIÓN

Una vez que se destapa una estafa, los fondos se congelan y se requiere de contabilidad adecuada para deshacer todas las transacciones y determinar la propiedad y división del capital que quede. Puede ser complicado, dado que la verdadera naturaleza del esquema estaba mal representada desde el inicio.

Los contables forenses pueden seguir la pista de cada transacción realizada y repetirlas de forma que reflejen la verdadera naturaleza del esquema, y determinar cómo dividir cualquier fondo recuperado. Puesto que los supuestas inversiones nunca se realizaron, cualquier «beneficio» era meramente una redistribución de un inversor a otro. Ello requiere que se deshagan para devolver su dinero a cada uno, o al menos una parte proporcional de lo que quede.

Este proceso a menudo se realiza en esquemas Ponzi a gran escala, puesto que normalmente se ven implicadas grandes cantidades de dinero por inversor. Puesto que los esquemas piramidales se basan en un mayor número de contribuidores con cantidades más pequeñas por persona, no es viable y ni siquiera posible rastrear la fuente de los fondos hacia cada persona.

El resultado final es el mismo en ambos esquemas. Casi todos los contribuidores estaban sin blanca, no solo por la estafa Ponzi o piramidal, sino también por los gastos jurídicos para recuperar los fondos robados.

La Comisión de Bolsas de Valores caracterizaba a Rex Venture Group y a ZeekRewards de Burks como una combinación entre esquema Ponzi y piramidal.

Aunque los nuevos inversores pagaban su dinero a ZeekRewards, miles de ellos lo anunciaban de forma activa para reclutar a más gente. Ganaban puntos por cada persona a la que atraían, lo que al final se podía canjear por dinero en efectivo. De este modo, el esquema de puntos de Burks era un esquema piramidal disfrazado, con el sistema de puntos equiparable a las contribuciones en efectivo. Sin embargo, la diferencia clave que lo convertía en un esquema Ponzi era que todo el dinero estaba bajo su control. Cualquiera que quisiera amortizar los puntos tenía que pasar por él. Como en otros esquemas Ponzi, las ganancias reales eran mucho más pequeñas de lo que Burks había afirmado, de modo que nunca había suficiente efectivo para canjear los puntos.

El esquema de Burks fracasó al final cuando había demasiada gente que quería canjear sus puntos. No había efectivo suficiente para respaldar tal demanda.

La Comisión de Bolsas de Valores alegó que había vendido valores violando las leyes bursátiles federales en una demanda civil. En agosto de 2012, Burks admitió los cargos y entregó su empresa, Rex Ventures, a un síndico. Pagó una multa de 4 millones de dólares (lo que le quedaba) y cesó las operaciones. Aunque no lo habían acusado por la vía penal, la investigación de la Comisión aún sigue en activo.

Los esquemas piramidales, al igual que sucede con los esquemas Ponzi, son ilegales en muchos países, entre los que se incluyen Estados Unidos, Reino Unido y Canadá. Normalmente, una vez que tiene lugar una estafa a gran escala de este tipo, los países aprueban leyes para hacer que sean ilegales. Los esquemas piramidales aún son legales en muchos países, por el simple hecho de que este tipo de estafa no ha tenido a una escala lo suficientemente amplia como para desarrollar leyes que prevengan este tipo de actuaciones. Lamentablemente, las leyes a menudo se promulgan después de que sucedan los hechos, y solo después de que se inflija daño a mucha gente.

ESQUEMAS PIRAMIDALES FAMOSOS

Varios de los esquemas piramidales más grandes ocurrieron en Europa del Este después de la caída del comunismo. La gente se vio azotada por la pobreza, pero era optimista en cuanto a su recién hallada libertad. Al no haber experimentado nunca lo que eran las economías de libre mercado, no veían nada aparte de aquellos desmesurados beneficios que les prometían.

Uno de los esquemas piramidales más grandes tuvo lugar en Albania en 1997. La pequeña nación europea ocupa menos de 30.000 kilómetros cuadrados y alberga a menos de tres millones de personas. Es el lugar en el que menos esperaría encontrar una estafa rampante. Sin embargo, si las condiciones son las adecuadas, ciertas personas se valen de dichas condiciones para su propio beneficio, y un país que acababa de emerger del comunismo era un objetivo fácil. En el país tuvieron lugar una multitud incesante de esquemas piramidales en la década de 1990, algo que causó conflictos y ruina.

La primera mitad de la década de 1990 fue una época de gran agitación social y económica en Albania. La dictadura comunista de Enver Hoxha se había derrocado después de casi cincuenta años de mandato desde 1944 hasta 1992. Al igual que Rusia, Albania había sufrido una transición a la economía de libre mercado pero exenta de dificultades. El país estaba empobrecido, carecía de infraestructura financiera y jurídica, y no había mantenido contacto con el capitalismo. En otras palabras, era el entorno perfecto para desatar uno de los esquemas piramidales más grandes hasta la fecha en una población ajena a lo que se le avecinaba.

El primer esquema tuvo lugar en 1991, dirigido por un exfuncionario del gobierno. En el pico de la explosión del esquema piramidal, dos tercios de los albaneses habían invertido en uno o más de los esquemas. En 1997, los esquemas se estrellaron tan profundamente que la Rebelión Albanesa de 1997 también se hizo famosa por otro nombre: la Crisis Piramidal. Aunque la población de Albania era de sólo tres millones de personas, las pérdidas totales se estimaron en más de 1.200 millones de dólares. Eso es una asombrosa cantidad de dinero para eliminarla de la economía de un país ya empobrecido.

El derrumbe de la pirámide sumió a la nación en una revuelta y un caos completos. Los albaneses sospechaban la implicación del gobierno en los esquemas y organizaron violentas manifestaciones en las calles. Antes de que interviniesen las tropas de las Naciones Unidas, más de dos mil personas habían muerto en el levantamiento. Las finanzas del país también se derrumbaron. Cayeron al menos veinticinco esquemas piramidales solo en 1997.

Albania no fue el único país donde tuvo lugar una estafa generalizada de este tipo. Ha sucedido en Rusia, Rumania, Bulgaria y Serbia. Casi todos los países que pasan del comunismo a una economía de libre mercado han experimentado enormes pérdidas debido a estos esquemas.

Los países en una transición del comunismo a menudo carecen de organismos reguladores. Anteriormente, la economía estaba estrechamente controlada por el Estado y no existían mercados capitales. La nueva economía de mercado carece de las normas y controles para una supervisión adecuada. También podían carecer de leyes que prohibieran específicamente los esquemas piramidales, por lo que no habría repercusiones para quienes los perpetrasen.

Una transición a una economía de libre mercado también suele conllevar dificultades económicas. Puede que la moneda del país haya estado artificialmente vinculada a otra moneda, y muchos bienes económicos básicos están subvencionados. A medida que el país avanza hacia una economía de libre mercado, la moneda se podía devaluar, a menudo sustancialmente. Gran parte de la población vive en la pobreza, por lo que la promesa de hacerse rico rápidamente que ofrece un esquema promesa es muy atractiva.

Por último, los ciudadanos de estos países han tenido poca o ninguna exposición al capitalismo. No habiendo tenido nunca su propio dinero para invertir en oportunidades empresariales, es raro que reconozcan que las recompensas promocionadas es poco probable que se materialicen. Lo que parece inconcebible para muchas personas en las economías de libre mercado parece posible para aquellos que prueban por primera vez el capitalismo. Cuando los bombardean con imágenes de vacaciones y objetos de lujo, se toman las escandalosas promesas al pie de la letra.

DESPLUMADOS EN FLORIDA

CHARLES PONZI VENDIÓ MARISMAS EN EL ESTADO LA FLORIDA A inversores desprevenidos bajo el nombre *Charpon* (derivado de su nombre y apellido) después de su puesta en libertad. Aunque que la gente ya no se traga lo de la antigua treta de las marismas de Florida, todavía caen en las redes de otros tipos de estafas. Florida parece ser un destino predilecto para los estafadores, y los esquemas Ponzi suceden en este lugar con más frecuencia que en cualquier otro estado. ¿Hay algo en el agua? ¿Los floridanos son más crédulos?

No, no lo son. Sin embargo, Florida cuenta con más estafas per cápita que cualquier otro lugar en los Estados Unidos. Puede que Florida no sea una capital financiera mundial como Nueva York o Londres, pero tiene las mismas Leyes de Valores, informes reglamentarios y supervisión que en cualquier otro lugar. Entonces, ¿por qué parecen ser más frecuentes las estafas en Florida en comparación con cualquier otro lugar en los Estados Unidos?

Aunque en Florida hay pocas empresas financieras y de inversión, sí que hay muchos ahorradores. Florida alberga más jubilados per cápita que cualquier otro lugar en Norteamérica, y muchos de ellos son muy acaudalados. Los estafadores tienen en el punto de mira necesariamente a las personas más ricas, sino que concentran sus esfuerzos en aquellos que planean invertir su dinero durante mucho tiempo. Además de un número significativo del conjunto de ancianos, hay también varios grupos étnicos grandes en Florida que son un blanco fácil para la estafa por afinidad. Florida es realmente un paraíso para los estafadores Ponzi.

La última razón por la que hay tantos esquemas de Ponzi en Florida es simplemente el hecho de que se trata del cuarto estado más poblado después de California, Texas y Nueva York.

DEMASIADO BUENO PARA SER CIERTO

Scott Rothstein actuó en Miami, al igual que Nevin Shapiro. Los Madoff tenían una residencia en Palm Beach, donde formaban parte activa de la vida social floridana. Allí atrajeron a amistades de su círculo social para que invirtiesen. Allen Stanford también encontró muchos inversores en el sur de Florida. Tres de los esquemas Ponzi de más magnitud de todos los tiempos desplumaron a los inversores de Florida.

ESTAFAS DE IMITACIÓN

En Florida también ha habido otras estafas más pequeñas, si consideramos cientos de millones de dólares como «algo pequeño». Haré hincapié aquí en algunos de los más importantes. Muchas son imitaciones, sorprendentemente similares a las diez grandes estafas Ponzi, solo que a menos escala. Cuando se analizan minuciosamente los detalles, la mayoría de los esquemas Ponzi son simplemente variaciones de algunas estafas que ya se han probado.

A sus setenta y cinco años, Kenneth Thenan parecía compartir un trasfondo similar con muchos de los jubilados acaudalados de Florida en los que fijó su atención. Para atraer dinero, sabía que necesitaba parecer una persona de éxito, de modo que parecer rico era parte de la estratagema. Thenan se las arregló para estafar a los inversores 300 millones de dólares con un esquema de compraventa de comestibles en la década de 1990, más o menos la época en la que Nevin Shapiro

ANATOMÍA DE UN ESQUEMA PONZI

llevaba a cabo su estafa del desvío de comestibles. La estrella del béisbol Joe DiMaggio estuvo entre las 1.800 personas que cayeron en la trampa de Thenan. Les prometió un beneficio del 40%.

Louis Felipe Perez ofrecía «préstamos libres de riesgo» en su joyería, de forma parecida a la estafa de electrónica de consumo de Petters. En lugar de electrónica inexistente, vendió 40 millones de dólares en pagarés para financiar diamantes falsos.

Al igual que la estafa de las marismas de Charles Ponzi, las estafas que implican bienes raíces siempre son muy populares. A principios de 2013, Cay Club Resorts and Marinas estafaron 300 millones de dólares a 1.400 inversores, a quienes prometían un 15% garantizado a través del alquiler de propiedades del resort. En su lugar, los directivos de la empresa se pagaron a sí mimos. Desviaron 30 millones en tarifas y comisiones además de utilizar los fondos de inversión para realizar compras personales de barcos y aviones.

De acuerdo a la Comisión de Bolsas de Valores, Fred Davis Clark hijo, presidente de Cay Club Resorts and Marinas, fundó la empresa en 2004 junto con David W. Schwarz, director de contabilidad, y otras tres personas. Cuando las finanzas se deterioraron, tergiversaron los estados financieros de la empresa para atraer a más inversores. Los supuestos ingresos por el alquiler que pagaban a los inversores provenía de nuevos inversores.

Gaston Cantens, desarrollador de bienes raíces en Miami y presidente de Royal West Properties, Inc., estafó 135 millones de dólares a inversores en otra estafa de bienes inmuebles. Su estafa por afinidad tuvo como objetivo a los inversores cubanoamericanos prometiéndoles un rendimiento libre de riesgo de entre 9% y 16% invirtiendo en pagarés respaldados por hipotecas. Su condena a cinco años fue una pequeña consolación para sus muchos inversores, quienes perdieron todo su dinero.

En otra estafa por afinidad, George L. Theodule y Creative Capital estafaron más de 23 millones de dólares a haitiano americanos. Theodule aseguraba un rendimiento garantizado del 100% en 90 días con sus métodos de compraventa de opciones y acciones. También afirmaba que los beneficios de esas compraventas se utilizaban para financiar más aventuras empresariales, lo que beneficiaba a la comunidad haitiana tanto de Florida como de Haití. En lugar de eso, perdió el dinero de la compraventa de acciones, y desvió mucho de lo que quedó para su uso personal.

Otras variaciones de las estafas por afinidad han incluido a la comunidad gay y a varios grupos religiosos.

Dos hermanos con diferentes apellidos, Joel Steinger y Steven Steiner, estafaron 837 millones de dólares a 29.000 inversores con un esquema de seguros de vida rebajados. A través de su empresa, Mutual Benefits Corporation, afirmaban que se podía ganar dinero comprando pólizas de seguro con descuento.

Los inversores compraron pólizas de seguros de vida con un descuento y después recibían supuestamente el valor nominal de la póliza de seguros cuando el asegurado fallecía. Los hermanos afirmaban que las pólizas aseguraban a personas muy mayores o a terminales. De hecho, las primas que pagaban los nuevos inversores se utilizaban simplemente para pagar a los primeros inversores. Canalizaban dinero para sus propios fines bajo la apariencia de que eran «tarifas de asesoría».

NACIDO Y CRECIDO

Quizás otra razón por la que Florida tiene más estafas Ponzi es la naturaleza pasajera de su población. Muchos de sus residentes viven allí por temporadas, y una parte significativa de los residentes permanentes se mudaron a Florida a una avanzada edad. Puede que ninguno de ellos espere un informe sobre las referencias a lo largo de las décadas de un asesor de inversiones, puesto que ni siquiera ellos han vivido allí durante décadas.

Los delincuentes se pueden reinventar a sí mismos ahí, y unas cuantas personas sabrán que se han inventado los hechos. Añádale una oportunidad de tiempo limitado y no habrá mucha gente que malgaste el tiempo que se requiere para llevar a cabo una diligencia debida adecuada.

CONCLUSIÓN

Un estafador piensa en sí mismo primero. Su objetivo es robar la mayor cantidad de dinero que pueda con el menor esfuerzo posible. Tanto si actúa en la comunidad de jubilados de Florida como si encuentra a sus víctimas de forma indirecta a través de fondos subordinados, al final no es algo que importe demasiado. Lo que sí que es importante es la manera en la que reacciona a su discurso.

Ya viva usted en Florida, en Missouri, o en un país en plena transición a la economía de mercado, la mejor forma de protegerse es educándose lo máximo posible sobre su inversión potencial. Consiga asesoramiento sobre lo que no entienda, y resista la presión de invertir con prisas. Una buena inversión seguirá siéndolo al día siguiente.

Finalmente, si sospecha algo, alerte a las autoridades inmediatamente. Aunque no tenga control sobre cuando y como actúan, al menos pondrá en tela de juicio las inversiones y a los personajes que formen parte de ellas. Deje que las autoridades decidan si la inversión es legítima o no. Muchas víctimas potenciales se lo agradecerán.

VEO, VEO...UN ESQUEMA PONZI

Veo, veo un esquema Ponzi es como un gran safari. Vas conduciendo por en medio del Serengueti y no reparas en loa animales que están a simple vista. Como un leopardo que acecha a su siguiente comida, un depredador aguarda a su siguiente víctima. Un estafador le ve venir, incluso aunque usted no pueda verlo a él. Se percata de su debilidad y se mueve para matar. Le engañará para que haga exactamente lo contrario de lo que normalmente haría.

Un estafador le prometerá un sueño, una oportunidad única en la vida para hacerse rico, y para hacer desaparecer todas sus preocupaciones financieras. Al principio, se mostrará escéptico, como casi todas sus otras víctimas; pero, se preguntará: ¿y si realmente puedo ganar dinero? ¿De verdad me voy a perder la oportunidad de mi vida, o esa promesa es sencillamente demasiado buena para ser cierta?

Una por una, el artista del engaño responde a todas sus preguntas, despeja sus dudas y hace que muerda el anzuelo. Actúe sin pensar y sus promesas vacías le arruinarán.

Los cazadores siempre tienen la ventaja inicial si captan a su presa antes de que ella los vea. Puede que usted no sea otra cosa aparte de una presa a ojos de un estafador Ponzi, pero por otro lado, no está absolutamente indefenso. Puede contraatacar. Con una buena guía, podrá atisbar las señales de alarma. Escuche a su intuición. Si suena demasiado bueno para ser cierto, normalmente lo es.

El dinero fácil es el dinero más tentador. Especialmente si ha estado rascando céntimos de aquí y allá y arreglándoselas con eso. Marcarse un pelotazo con una inversión no solo aumenta el saldo del bancario, sino que además le imbuye una sensación de orgullo. Incluso aunque suene demasiado bueno para ser verdad, un artista del engaño sabe como rebatir sus objeciones, una por una. Hay métodos ya probados con el paso del tiempo que estos estafadores utilizan para convencerle de que ignore sus instintos.

AL FINAL LO PONZI SALE CARO

Los esquemas Ponzi pueden existir y prosperar, incluso en un entorno menos que ideal. Las promesas de increíbles beneficios. Las promesas de beneficios desmesurados se vuelven aún más atractivas cuando los tipos de interés son bajos y los mercados son de bajo rendimiento.

Podemos dejarlos al descubierto sabiendo sencillamente qué buscar. Aparte de nuestras economía personal, piense en cómo se beneficiaría la sociedad en su conjunto si pudiéramos descubrir y evitar un porcentaje mayor de estos delitos.

La prevención de estos esquemas redirigiría los miles de millones gastados frívolamente por los estafadores Ponzi en coches deportivos y mansiones. En su lugar, el dinero se quedaría en manos de las personas que trabajaron tantos años para ganarlo. Aquellas personas arruinadas por estos esquemas fraudulentos tendrían ahorros en lugar de depender de la ayuda social o de la buena voluntad de los familiares. Las personas con unos ahorros adecuados a menudo donan a la caridad. Pagan impuestos que directa e indirectamente ayudan a los ancianos con bajos ingresos, financian la asistencia médica o mejoran nuestro nivel general de vida.

Se requeriría menos dinero para financiar la restitución de los inversores o para investigar y procesar a los estafadores. Cada dólar que roba un estafador es un dólar retirado de los bolsillos de muchas personas. Esta concentración de riqueza en las manos de un estafador Ponzi causa un daño mayor a nuestro bienestar colectivo.

La gran magnitud de los esquemas Ponzi y el fraude en general hace que sea difícil para el gobierno y para la policía identificarlos y sacarlos a la luz. Sencillamente no cuentan con suficientes recursos para detectar cada estafa. Cuando agrega confusión sobre cómo se solapan las jurisdicciones estatales y federales a posibles conflictos de intereses entre los reguladores y a los que regulan, está claro que no tenemos un campo visual claro. Para ser eficaces, necesitamos emplear un enfoque diferente.

Cuanto más podamos educar a la gente sobre las estafas, más oportunidad tendremos para sacar a la luz a los estafadores tan pronto como sea posible. Un inversor bien informado es un inversor protegido. Son mucho menos propensos a sucumbir a la estafa.

Lo más importante de todo es denunciar nuestras sospechas. Que las autoridades determinen si la inversión es legítima o no. (Ver los recursos enumerados al final del libro). La naturaleza reservada de estos esquemas de inversión permite a los delincuentes continuar sin ser procesados. Copian en repetidas ocasiones el mismo esquema con un nuevo grupo de víctimas. Ser conscientes de lo que hacemos y una dosis saludable de escepticismo son dos cosas que constituyen un muy buen comienzo a la hora de evaluar cualquier inversión. Antes de tomar cualquier decisión, hágase estas preguntas fundamentales:

- P: ¿Por qué no ofrece nadie más ese rendimiento por una inversión similar?
- R: Porque no pueden, no es real.
- P: ¿Por qué tengo que invertir hoy? Si tan buena inversión es, ¿por qué no puedo esperar unos días, semanas o meses?
- R: Aunque el tiempo puede causar un impacto en el rendimiento de una inversión, una buena inversión pasará la prueba del tiempo y aún le proporcionará un rendimiento atractivo. Siempre hay tiempo suficiente para investigar su decisión antes de actuar.

- P: Si solo puede participar hoy, ¿qué implica eso para su inversión de mañana o de pasado mañana?
- R: Significa que la inversión no es viable. El promotor no podrá venderle mañana una inversión que merezca la pena.
- P: ¿La inversión está regulada? ¿Cuenta con un folleto? Las inversiones regidas por un órgano regulador están sujetas a normas estatutarias y a informes. La mayoría de las inversiones en los países desarrollados están regidas por un órgano regulador.
- R: Si el promotor no puede responder a esas preguntas o no le ofrece un folleto, huya. Las inversiones más legítimas requieren un folleto en el que se enumeren los detalles financieros y los riesgos sobre las inversiones subyacentes. Si no se le proporciona esa información, es probable que sea ilegal y que se trate de una estafa.

AUNQUE ESTAS PREGUNTAS básicas no siempre pueden impedir que le engañen, preguntar disuadirá a un criminal. Por lo menos, hará que se caliente la cabeza buscando excusas, y posiblemente una salida rápida. Si es una buena inversión, siempre hay tiempo suficiente para invertir después de investigar un poco.

Si miramos hacia atrás, muchas víctimas de esquemas Ponzi tenían dudas al principio sobre sus inversiones. Desafortunadamente, al final se vieron atraídos por los generosos beneficios de la inversión. No deje que le tienten y que se convierta así en la próxima víctima.

Bernard Madoff logró llevar a cabo su estafa durante tantos años porque sus inversores habían reinvertido durante años, incluso décadas. Si no fuera por la crisis financiera de 2008, que obligó a muchos de sus grandes inversores a amortizar sus inversiones, su esquema Ponzi probablemente seguiría aún en funcionamiento. Su esquema también es la prueba de que cualquiera puede caer en un esquema Ponzi. Muchos de sus inversores eran sofisticados financieramente hablando: magnates de negocios, fundaciones de la caridad e incluso otros fondos de cobertura. La estafa de Madoff fue de gran alcance, en parte porque invirtió el dinero de otros fondos de cobertura en su fondo, como una inversión de fondos de fondos. Amplió las dimensiones de su alcance, pero también se mantuvo alejado de la atenta mirada de las autoridades.

Si alguna vez descubre alguna actividad sospechosa, no firme el cheque y llévese su dinero a otra parte. Es igualmente importante denunciar sus sospechas a las autoridades, como podrían ser la comisión de valores de su país o la policía.

Mientras que las siguientes señales de alarma por sí solas no confirman una inversión fraudulenta, deberían hacer que se lo piense dos veces. Por lo menos, debería investigar considerablemente más y verificar los antecedentes tanto de la inversión como de la persona que la ofrece. La mayoría o todas las señales de alarma estaban presentes en cada uno de los esquemas Ponzi que se han tratado en este libro.

SEÑALES DE ALARMA DE UN ESQUEMA PONZI

RENDIMIENTO INUSUALMENTE ALTO CON POCO O NINGÚN RIESGO

El riesgo y el rendimiento potencial están altamente correlacionados. Rendimientos más altos implican normalmente exponerse a riesgos adicionales. Además de rendimientos más altos, el riesgo también aumenta la probabilidad de pérdida. Para este caso, un inversor espera generalmente un beneficio más alto a largo plazo. La diferencia de rendimiento entre una inversión de alto riesgo y una inversión de bajo riesgo se conoce como la prima de riesgo.

Por ejemplo, las letras del tesoro del gobierno (*T-bills*) se ofrecen a lo que se considera una tasa «libre de riesgo». Esto es porque como regla general se puede confiar en que un gobierno estable pueda hacer honor a su deuda (o pagar los bonos cuando se cumpla el plazo). Muchos inversores están dispuestos a prestar el dinero al gobierno.

Por lo tanto, el gobierno no necesita añadir un rendimiento muy alto para atraer a los inversores. Por supuesto, esto significa que la inversión proporciona beneficios bajos, ya que el riesgo de que no cumplan es bajo.

Una empresa que vende acciones o deuda tiene como regla general un índice de rendimiento mayor que el índice de una *T-bill*, lo que representa el índice «libre de riesgo» más un riesgo adicional, lo que varía de acuerdo a la credibilidad de la empresa y a la solvencia. Una empresa tiene mayor probabilidad de entrar en quiebra que un país. Si todo estuviese en igualdad de condiciones, el inversor querría un mayor rendimiento en lugar del índice «libre de riesgo» para compensar el riesgo adicional.

Aunque en el mundo abundan oportunidades para invertir, no son infinitas. Cuando los inversores compiten por un número de inversiones limitado, la oferta y la demanda nivelan el campo de juego de modo que inversiones con un perfil de riesgo similar pagarán beneficios similares. Un rendimiento alto con un supuesto riesgo mínimo es una señal de alarma dando pitidos. Esto es así con cualquier inversión que pague un rendimiento materialmente más alto que inversiones similares.

Allen Stanford ofrecía un rendimiento varios puntos porcentuales más alto que el rendimiento general de aquel momento para los Certificados de Depósito. ¿Por qué no podían copiar otros bancos su estrategia y ofrecer beneficios similares? El hecho de que afirmase que Stanford International Bank invertía en instrumentos financieros de gran liquidez era solo una de sus muchas señales de alarma.

UN RENDIMIENTO CONSISTENTE DURANTE UN LARGO PERÍODO DE TIEMPO

Los estafadores Ponzi parecen tener una capacidad asombrosa de producir rendimientos positivos, año tras año. La historia nos dice que tal consistencia es imposible sobre cualquier cosa que no sea un horizonte de inversión muy corto. Las economías globales y nacionales fluctúan. Las guerras, las recesiones, la disponibilidad de recursos, la estabilidad del gobierno e incluso los patrones climáticos afectan al rendimiento de la inversión. Los tiempos inciertos tienden a incrementar o disminuir los precios de los recursos, las divisas y los tipos de interés. Por lo tanto, todas las inversiones relacionadas también fluctuarán con el tiempo.

El rendimiento de dos dígitos de Bernard Madoff también fue notable por su consistencia año tras año, durante décadas. Esto fue a pesar de las varias caídas del mercado que diezmaron a los gurús de inversiones. Allen Stanford también proporcionó un rendimiento de inversión que era increíblemente consistente; incluso hubo dos años un rendimiento idéntico del 15,71%, algo estadísticamente improbable cuando se tiene en cuenta su que afirmaba tener una cartera de inversiones diversificada.

Si esta obteniendo un rendimiento del 20% anual incluso aunque los mercados de valores globales estén en declive, hay una buena probabilidad de que se hayan inventado el rendimiento obtenido. Los mercados se alzan y caen con la economía global.

Las inversiones que ofrecen un rendimiento garantizado, especialmente un rendimiento atractivo durante un largo período de tiempo, puede constituir la señal de alarma de una estafa. Aunque comprometa su dinero con un certificado de inversión garantizado, normalmente se hace a un tipo muy bajo, puesto que el prestador o el vendedor deben asumir el riesgo de continuar pagándole a largo plazo en el futuro a pesar de los cambios en la economía. Cuanto mayor sea el período de tiempo, menos probable de que alguien pueda predecir el futuro con certidumbre.

Ni los inversores con más éxito pueden vender al mercado a largo plazo. Son sencillamente incapaces de predecir los hechos futuros con certeza. De hecho, los inversores más sobresalientes se benefician de las inversiones con un rendimiento más bajo pero estable y de la baja volatilidad. Un rendimiento consistente a lo largo del tiempo tiene como consecuencia un beneficio general mayor.

Si ofrecen una inversión con un tipo de interés fijo, la empresa que lo ofrece debe deducir parte del beneficio esperado a modo de salvaguarda para compensar los hechos que no se puedan prever. Además, sus tarifas salen de ahí. Aunque el rendimiento a largo plazo que ofrezcan pueda parecer estratosférico, incluirá los años en los que hayan ganado dinero y los años en los que lo hayan perdido, como cualquier otro. Los grandes administradores de inversiones se limitan a perder menos, o con menos frecuencia.

Incluso inversores legendarios como Warren Buffet y George Soros han tenido ocasionalmente malos años o pérdidas en inversiones. Los estafadores Ponzi nunca, al menos no hasta que los pillan y se desenmaraña el esquema.

Cualquier tipo de rendimiento garantizado, o rendimiento mínimo garantizado en una inversión de capital probablemente sea una estafa. Igual sucede con el rendimiento garantizado por pagarés a largo plazo u otro tipo de deuda que merezca un escrutinio más minucioso.

RENDIMIENTO SIGNIFICATIVO EN UN CORTO PERÍODO DE TIEMPO

Otra señal de alarma en el caso del rendimiento es cuando ofrecen un enorme rendimiento en un corto período de tiempo. El Ladies Deposit Club de Sarah Howe no solo pagaba un rendimiento fantástico, sino que también daba los intereses correspondientes a los tres primeros meses por adelantado. La mayoría de los estafadores Ponzi saben que esa es una buena táctica no solo para que muerda el anzuelo, sino también para convencerle de que invierta con ellos más de una vez una vez que reciba el primer cheque. Normalmente le ofrecerán un pago rápido para desalentarle así de que busque en otro lado. Agarre su dinero y corra.

TIEMPO LIMITADO O SENSACIÓN DE URGENCIA

Que muerda el anzuelo rápidamente es para el estafador algo más crucial que nunca, sobre todo ahora que hay tanta información disponible en internet. Podría descubrir sus anteriores estafas o levantar sospechas entre sus amigos y familiares. Lo que él necesita es limitar la cantidad de información que pueda buscar antes de entregarle el dinero.

Su éxito depende de que sea impulsivo al tomar decisiones. Urgir es la señal de alarma número uno. Más tiempo para pensar implica una mayor posibilidad de que la estafa se vea expuesta.

INVERSIONES NO REGISTRADAS

La mayoría de países regulan las inversiones. La Comisión de Bolsas de Valores es el organismo que supervisa en los Estados Unidos, y organizaciones reguladoras similares proporcionan el mismo servicio en otros países. La empresa de inversión y/o su representante deben estar registrados y no pueden ofrecer valores para la venta sin un folleto. El folleto es un documento muy importante porque revela la naturaleza de la inversión, los detalles importantes y los riesgos que conlleva. Nunca invierta sin verificar qué documentación se requiere en su jurisdicción, y si los materiales proporcionados cumplen esos requisitos.

Solamente las inversiones consideradas como valores requieren un folleto. Las inversiones no registradas se limitan generalmente a instrumentos de deuda. Estos están fuera del alcance, el escrutinio o la protección de los reguladores de valores, que por supuesto es exactamente lo que quiere un estafador Ponzi.

Los estafadores suelen evitar el escrutinio regulatorio al tergiversar su supuesta inversión como si fuera de deuda. La inversión se describe normalmente como un pagaré, sin embargo, el rendimiento de la inversión derivará de una fuente distinta a la de la propia deuda. La empresa de contabilidad de Madoff, Avellino y Bienes, afirmaba que el rendimiento provenía del mercado de valores. Alternativamente, el beneficio de la inversión puede provenir de la reventa de un producto en el que el inversor comparte esos los beneficios, como el esquema de desvío de comestibles de Marc Dreier. Las inversiones de esta naturaleza se consideran de valores, no de deuda.

Como puede extraer de lo anteriormente expuesto, puede ser difícil para una persona lega en la materia determinar si una inversión requiere un folleto o no. Si no tiene la sofisticación financiera para determinar fácilmente esto, no invierta. No confíe en el consejo de un asesor financiero, y no se sienta estúpido por no entenderlo tampoco. Recuerde que uno de los trucos más comunes que emplea un estafador es describir la inversión en términos complejos. En el mejor de los casos, la inversión es demasiado compleja para supervisarla. En el peor de los casos, es una absoluta estafa.

La Comisión de Bolsas de Valores y otras organizaciones supervisoras una gran cantidad de información para ayudarle. Pregúntese: ¿por qué no está registrada esta inversión? ¿Qué intentan esconder?

VENDEDORES SIN LICENCIA

La mayoría de los esquemas de Ponzi guardan relación con vendedores sin licencia, simplemente porque necesitan permanecer fuera del radar para perpetrar su esquema. Los profesionales de la inversión suelen tener que cumplir con un código deontológico y otras normativas para que los consideren gente respetable. La licencia y los requisitos varían según la jurisdicción; su regulador de valores nacional podrá ofrecer detalles sobre cómo puede verificar esto. También hay una lista de recursos al final de este libro.

ESTRATEGIAS COMPLEJAS

Si una inversión no puede explicarse lo suficientemente bien como para que la entienda, no invierta ahí. En el mejor de los casos, está orientada inversores más duchos. En el peor de los casos, y mucho más probable, el vendedor está tratando de ocultar la verdadera naturaleza de la inversión, ya que es una estafa. Nunca invierta en algo que no entiende.

Los estafadores suelen describir estrategias complejas que implican derivados, seguros o reventa. Pueden presentarse como expertos en un área opaca. El ZeekRewards de Paul Burks y el negocio de subastas por centavo subyacente a ese se basó en un sistema complicado de puntos y referencias.

Cuanto más fraudulenta sea la inversión, más complicada parecerá. El estafador le impedirá que descubra hechos relacionados con el esquema solapando metodología y terminología complicadas. Lo que trata de hacerle es que se sienta demasiado estúpido como para hacer preguntas.

EL EXTRANJERO

Podría haber presente un tema relacionado con el extranjero. Está estrechamente relacionado con la compleja estructura mencionada antes, diseñada para parecer legítima, pero con suficientes incógnitas en el tema del extranjero que no se puede verificar fácilmente. Usted es ajeno a las leyes del país y probablemente también al idioma. No puede investigar por su cuenta. Ha de limitarse a confiar en su asesor de inversiones, algo que no es una estrategia de inversión sólida.

El esquema de cupones de respuesta postal de Charles Ponzi tenía un elemento relacionado con el extranjero que era difícil de validar. Hasta que el Servicio Postal de Estados Unidos indicó que el número de cupones de respuesta postal existentes era una fracción de lo necesario para el esquema de Ponzi, nadie lo cuestionó.

SECRETISMO

Algunos estafadores insistirán en que guarde el secreto, ya sea en términos de a lo que está accediendo, o bien sobre la naturaleza de la inversión en sí. Los inversores del Ladies Deposit de Sarah Howe tuvieron que jurar que guardarían el secreto como condición para invertir.

Los estafadores dicen a menudo que no pueden divulgar sus métodos secretos, y afirman que el asombroso rendimiento disminuirá una vez descubierto. Sin embargo, a largo plazo, hay pocos secretos al invertir. Por lo menos, a todo se le puede aplicar un proceso de retroingeniería, y puede apostar que cualquier inversión legítima que gane beneficios desmesurados la copiarán en poco tiempo.

El secretismo es particularmente eficaz con las personas mayores, quienes de otra manera podrían debatir una inversión con sus hijos. Cuando la inversión finalmente se tuerce, muchos inversores se avergüenzan por haber caído en la trampa. Muchos no dicen nada, y dejan que el estafador quede libre para rondar a otras víctimas.

PROBLEMAS CON EL PAPELEO

¿La inversión no queda reflejada en papel? Olvídese de ella.

Busque errores o transacciones sospechosas en los estados de cuentas, o la ausencia de los mismos cuando los solicite. Los errores pueden indicar que los estados los han hecho manualmente y que se los han inventado. Las excusas y los retrasos implican que hay problemas. Algunos fondos no proporcionan informes directamente. El fondo de Bernard Madoff era un claro ejemplo de eso.

DIFICULTAD A LA HORA DE COBRAR

Si esta teniendo problemas con las amortizaciones, puede que ya sea demasiado tarde para recuperar su dinero. Puede que el esquema esté a punto de venirse abajo.

La mayoría de los esquemas Ponzi harán menos de doce pagos antes de que dejen de hacerlos completamente. Eso es tiempo suficiente para convencer a la mayoría de los inversores de que inviertan y también es suficiente prueba para que convenza a un amplio círculo de amigos y familiares para que inviertan.

Las amortizaciones deberían ser inmediatas. Muchos inversores se encuentran con que los plazos para amortizar cambian de repente y que les requieran un aviso previo cuando antes no era necesario. Las amortizaciones no deben suponer un problema en los primeros días del esquema, pero sí que constituirán uno más adelante o cuando el estafador no consiga más dinero.

Algunas veces las amortizaciones pueden tardar unos días, en el caso de inversiones con muy poca liquidez o de grandes amortizaciones. Esto es algo normal si se han de vender activos para reembolsar los fondos. Sin embargo, no debe de tardar más de unos días. Que le disuadan de amortizar su inversión, o prometerle a cambio un rendimiento aún mayor no es una práctica legítima.

Es especialmente preocupante la promesa de conseguir un rendimiento aún mayor si reinvierte el dinero. Recuerde, las amortizaciones crean problemas de flujo de capitales para el estafador. La promesa de un rendimiento mayor y la amenaza de no permitirle reinvertir después de que amortice su inversión son estratagemas clásicas en los esquemas Ponzi.

Finalmente, los fondos de inversión se deben segregar de otros fondos que pertenezcan al vendedor. Si recupera su dinero, pero el cheque está firmado por un particular o por otra cuenta distinta a aquella con la que ha invertido, llame a las autoridades. La mezcla de fondos de inversión con empresas normales o fondos personales es otra señal de alarma.

EXCLUSIVIDAD

La exclusividad está diseñada para hacer que se sienta en deuda con el estafador. Se siente un privilegiado al tener la oportunidad de hacerse rico, eso sin mencionar que se sentirá importante cuando le diga que también podrá llevar a sus amigos para que participen.

Es menos probable que diga que no cuando consiga una «posición ventajosa» para garantizarse el éxito. Después de todo, el inversor mega exitoso le ha hecho un favor al acogerlo bajo su seno. De repente, su futuro financiero brilla por el favor que le ha concedido. ¿Cómo decir que no?

RECIPROCIDAD

La oportunidad de invertir junto con un millonario también parece un regalo. El inversor potencial siente una sensación de reciprocidad, o un deseo de devolverle el favor, lo que le lleva a actuar. Está incrustado en nuestra psique el sentirnos agradecidos con aquellos que nos dan algo a cambio de nada. Por ello, es probable que la víctima del esquema haga concesiones por su supuesto benefactor. Todo ello invalida las sospechas que pueda haber sobre el hecho de que alguien tan encantador pueda aprovecharse de uno.

Bernard Madoff cultivó una sensación de exclusividad permitiendo que la gente invirtiese solo a través de intermediarios, e incluso entonces, solo si tenían una referencia. Además, normalmente los rechazaba la primera vez. No necesitaba su dinero, y si les permitía invertir en el fondo era por hacerles un favor. Aquello no solo originaba entusiasmo, sino que además lo mantuvo fuera del radar durante mucho tiempo.

AFINIDAD

Algunos de las estafas más grandes de la historia se han basado en la afinidad. Martin Sigilitto, un obispo anglicano y abogado establecido en St. Louis, perpetró un esquema Ponzi que inició en el año 2000 y permaneció en funcionamiento sin que lo descubriesen durante más de diez años. Se aferró al dinero de los inversores afirmando que era para invertirlo en el British Lending Program con un rendimiento que oscilaba entre el 10% y el 48% anual. Alegaba que el fondo proporcionaba préstamos a un promotor inmobiliario británico que era capaz de conseguir tales beneficios localizando propiedades que se vendían por debajo de su valor y sacarle el mayor beneficio posible de forma rápida. En retrospectiva, las preguntas obvias son por qué no podía ir ese promotor directamente a un banco británico ya que las propiedades serían el aval.

Sigilito afirmaba que había podido formar parte de esta oportunidad debido a su gran experiencia en derecho internacional, y decía que era profesor en la Universidad de Oxford. Si alguien hubiera intentado verificar aquellas afirmaciones, se podrían haber dado cuenta fácilmente de que mentía. La inversión extranjera de Sigilitto era per se una señal de alarma, pero su esquema se mantuvo en funcionamiento sin que lo detectasen hasta que las sospechas de su ayudante lo delataron.

Aparte de la inversión propiamente dicha, hay señales de alarma que se pueden buscar en la organización que ofrece la inversión.

PERSONAS CON POCA EXPERIENCIA O SIN CUALIFICACIÓN EN LOS PUESTOS MÁS ALTOS

En la sorprendente mayoría de esquemas Ponzi a gran escala, es necesario más de una persona para crear estados, falsificar análisis y seguir la pista a todas las mentiras que se cuentan. Aunque un estafador a menudo se guardará el máximo número de documentos para sí mismo, es imposible esconder todo tras unas puertas cerradas conforme la estafa engorda. Incluso aunque sea limitado el círculo de gente que sabe que es una estafa, un esquema Ponzi a gran escala requiere mucha gente que haga que las cosas sigan funcionando.

A menudo los individuos que el estafador escoge son jóvenes con poca o ninguna experiencia laboral, o gente que carece de la experiencia necesaria para ocupar un puesto de directivo.

Muchos de los que solicitaron empleo en Stanford International Bank, al igual que antiguos empleados del mismo, mencionaron la práctica inexistencia de gente preparada. Quizás Stanford pensó que podría ocultar la verdadera naturaleza de su esquema con empleados con menos experiencia. A lo mejor empleados con una más dilatada experiencia sospecharían y por consiguiente no querrían trabajar allí.

A veces, en lugar de empleados jóvenes, el estafador tiene empleados a largo plazo sin ningún tipo de cualificación formal. La gente sin cualificación financiera podría tener opciones profesionales más limitadas, lo que incluiría trabajar para un estafador.

MIEMBROS DE LA FAMILIA COMO EMPLEADOS

Los estafadores también contratan a menudo a familia. Por supuesto, muchas empresas respetables también lo hacen. La diferencia normalmente reside en el grado en el que están contratados los miembros de la familia, así como sus niveles de responsabilidad relativos. Bernard Madoff contrató a su sobrina para un puesto de dirección justo al graduarse en la Universidad. No conozco ningún fondo de cobertura multimillonario que confíe semejante puesto de responsabilidad a recién graduados con una limitada experiencia profesional.

Ello no implica necesariamente que los familiares estén involucrados en la estafa. Lo que quiere decir es que puede que no tengan los conocimientos o la experiencia necesarios para detectar las actividades delictivas. Por seguro que es menos probable que formulen preguntas sobre actividades sospechosas, dada la compleja naturaleza de su relación tanto laboral como familiar con su jefe.

CONTABLES DE DUDOSA CREDIBILIDAD

Los contables juegan un papel fundamental para que un esquema Ponzi se lleve a cabo con éxito, simplemente porque cualquier contable competente vería el esquema rápidamente. Ese es el caso de si se trata de contables en plantilla que preparan los estados financieros y los análisis, o auditores externos que firman los resultados obtenidos. Es sencillamente imposible registrar y analizar todas las transacciones subyacentes a cualquier nivel de detalle sin destapar el esquema. Por lo tanto, cualquier contable que se viera envuelto en la situación sería probablemente cómplice del esquema.

Dentro de la organización del estafador, para la contabilidad a menudo se requieren dos conjuntos de libros. Los contables saben cómo dejar constancia de las transacciones para pasar el escrutinio de los auditores reguladores sin levantar sospechas. Para que la estafa siga en funcionamiento a largo plazo, los contables deben conciliar el dinero real con el que están declarando, de modo que saben cuánto (o cuán poco) pueden permitirse pagar a los inversores sin que el fondo quiebre. Como se puede imaginar, todo se torna difícil de controlar.

Los contables más cualificados no van a arriesgar una carrera profesional lucrativa para involucrarse en una estafa. En su lugar, el estafador normalmente se vale de contables no cualificados, que tendrán alguna experiencia pero que carecerán de los certificados y credenciales necesarios. Estos contables no certificados tienen opciones profesionales mucho más limitadas a su disposición, y el sueldo a ganar con esquema Ponzi es más de lo que podrían ganar en cualquier otra parte. Con semejante incentivo para mantener la boca cerrada, puede que jueguen un papel incluso más activo si la compensación es buena.

La mayoría de los esquemas Ponzi, o cualquier estafa, se valdrán de terceras empresas de contabilidad para las auditorías externas. Tanto Stanford como Madoff recurrieron a pequeñas empresas que simplemente rubricaron los estados financieros en lugar de llevar a cabo las auditorías. Las organizaciones multimillonarias requerirían al menos una docena de contables para una auditoría, y en el caso de las empresas que realizaron las auditorías, solo contaban con un contable que ejercía como tal.

Las empresas de contabilidad y los contables legítimos tienen como regla general mucho que perder al participar en, o al hacer la vista gorda a, esquemas ilegales. Los contables no certificados, sin embargo, tienen poco que perder. Simplemente echan el cierre y desaparecen.

Todos los esquemas Ponzi contarán todas o la mayoría de estas señales de alarma. Las empresas de inversión con reputación no pondrán objeción a que se le formulen preguntas, y las oportunidades legítimas seguirán ahí durante días, semanas o años.

Si resulta que pierde una oportunidad, habrá muchas otras. Si lo piensa, ninguna inversión debería superar a otra por mucha diferencia, puesto que todas invierten en el mismo universo limitado de oportunidades. Confíe en sus pesquisas y en su intuición. Cualquier cosa que parezca demasiado buena para ser verdad en muchos casos lo es.

DETECCIÓN DEL FRAUDE

LA PUNTA DEL ICEBERG

HAY MUY POCAS ESTAFAS QUE SE DETECTEN Y SE JUZGUEN. PARA entender la magnitud global del panorama de la estafa, hemos de echar un vistazo al universo del fraude descrito en *The Accountant's Guide to Fraud Detection and Control* (Davia, Coggins, et al.). Aunque el análisis del libro se refiere a todos los tipos de fraude, las tres primeras categorías de fraude que menciona se pueden extrapolar a los esquemas Ponzi también:

1. Fraudes detectados y juzgados--20%
2. Fraudes detectados pero no juzgados--40%
3. Fraudes sin detectar--40%

La cantidad de fraudes que se han detectado y juzgado realmente representa solo la punta del iceberg.

EL 80% DE TODOS LOS FRAUDES NO LLEVAN A LOS TRIBUNALES

Las implicaciones son impactantes cuando uno se da cuenta de que los fraudes masivos de a crisis financiera encajan en la primera categoría. Para simplificar, atenderemos a los fraudes que se han destapado en los Estados Unidos como resultado de la crisis financiera de 2008. En todos los casos estamos hablando de miles de millones:

1. Madoff--65.000 millones de dólares
2. Stanford--7.000 millones de dólares
3. Petters--3.700 millones de dólares
4. Rothstein--1.400 millones de dólares

Juntos, suman un total de 77.000 millones de dólares. El producto interior bruto estadounidense en 2008 fue de 14,2 billones de dólares. El fraude que se destapó y juzgó realmente representa un total del 0,54% del PIB estadounidense. En otras palabras, lo que se procesó es meramente un rotundo error. Pensemos en ello por un momento. La economía de Estados Unidos es la más grande del mundo, pero si asumimos que se aplica el mismo ratio a nivel global, las cantidades son impactantes.

Si extrapolamos y asumimos que esas cuatro estafas representan solo un veinte por ciento del total de fraudes que existen, el total real es de más de 390.000 millones de dólares. Si esta cifra es precisa, representa un 2,7% de la producción total de la mayor economía del mundo.

Es una suposición muy simplista y sencilla puesto que no hemos tenido en cuenta todos los esquemas Ponzi de menor envergadura descubiertos y procesados desde 2008 de menos de mil millones de dólares. En el ejemplo que antes se ha expuesto, solo estamos hablando de esquemas Ponzi e ignorando el resto de fraudes aunados en esa categoría. Una creencia aceptada comúnmente entre los expertos en fraudes es que las pérdidas por fraudes de cualquier tipo se aproximan al 5% del PIB en la mayoría de países.

Si nos basamos en las suposiciones expuestas, los esquemas Ponzi representan más de la mitad de todas las pérdidas por fraudes con un 2,7% del PIB, puesto que las pérdidas producidas por todo el conjunto de fraudes es del 5% del PIB. En lugar de crear empleo, financiar nuestra jubilación o mejorar en general las vidas de los estadounidenses, el dinero se desvía para el beneficio de los pródigos estilos de vida de unos pocos estafadores. Aparte de robar a gente de a pie, los estafadores también traspasan la carga de pagar impuestos a esa misma gente, ya que en la mayoría de los casos no se molestan en pagar impuestos por ese dinero. Hay algunas excepciones notables. Tom Petters incluso presentó declaraciones de la renta falsas por los beneficios ficticios que afirmaba que había conseguido su empresa.

¿Por qué predominan tanto aún hoy los esquemas Ponzi? Aunque la historia reciente ha expuesto varios, este no es el único período histórico en el que han tenido lugar. De la lista de los diez más grandes de toda la historia, todos han ocurrido o a mediados de la década de 1990, o de 2008 a 2009. Esos períodos comparten elementos comunes que permitieron que esos esquemas Ponzi se llevasen a cabo.

EXPLOSIÓN PONZI

Se han expuesto en la segunda mitad de la década del 2000 más esquemas Ponzi que en la historia reciente. ¿Acaso hay más esquemas Ponzi que nunca, o simplemente estamos pillando a más cantidad de pillastres? La respuesta no es que sea sencilla.

Hoy en día existen definitivamente más oportunidades de inversión que en la época de Charles Ponzi, hace ya casi un sigo. La media poblacional es más alta, y hay una mayor proporción de gente acaudalada con ahorros para invertir. La economía y los mercados financieros son más visibles y transparentes con la llegada de la televisión, el comercio electrónico e internet, de modo que tendemos a oír más noticias acerca de estas estafas.

MEJOR REGULACIÓN Y SUPERVISIÓN

Una mejora definitiva desde los días de 520 Porciento Miller es que la mayoría de las inversiones ahora están reguladas. Pero, ¿estamos más seguros ahora con toda esta supervisión?

Lamentablemente, no. El mundo está más interconectado de lo que nunca ha estado, lo que permite a los estafadores alcanzar a un gran público. Las oportunidades abundan, pero también es más probable que confiemos en los medios de comunicación y en otras fuentes cuasi oficiales en lugar de investigar por nuestra cuenta. También es más fácil para los estafadores crear materiales falsos. Cualquiera puede comprar un ordenador, una impresora y equipo relacionado. Una persona puede falsear estados financieros, folletos y copiarlos de forma instantánea y pegarlos en numerosas ocasiones.

Muchas de las leyes diseñadas para protegernos no se aplican a ciertas clases de inversiones. Por ejemplo, los fondos de cobertura están orientados a «inversores más sofisticados» y, por lo tanto, no están sujetos a la misma supervisión reguladora ni a las mismas exigencias en la redacción de informes. La idea es que los inversores con conocimientos sobre inversión tengan la experiencia y sepan cuales son los riesgos de invertir en un fondo de cobertura. Invierten a su cuenta y riesgo y se supone que han hecho los deberes.

A estos inversores se les realiza una evaluación de «recursos» para demostrar si tienen suficiente dinero como para permitirse perder parte de su inversión o toda ella. Sin embargo, tener posibles no le hace inteligente. Como puede imaginar, los estafadores acuden como moscas a las zonas donde están sujetos a menos escrutinio.

Las inversiones no reguladas a menudo se traducen en mayores oportunidades para que los estafadores lleven a cabo sus esquemas. Menos denuncias y menos trabas reguladoras atraen a los estafadores como moscas a la miel.

EL CLIMA DE INVERSIÓN

Los esquemas Ponzi se desarrollan más en unos entornos que en otros. Estas estafas parecen proliferar especialmente en entornos con un tipo de interés bajo, sobre todo cuando el tipo de interés cae durante un breve período de tiempo. Sin embargo, pueden suceder en cualquier momento en el que se de una bajada del porcentaje de rendimiento de una inversión, tanto si se trata de tipos de interés de carácter general o del mercado de valores. Aunque las estafas se dan sobre todo en climas de poca o ninguna regulación, también se desarrollan en mercados regulados, esquivando sencillamente las normas.

Los estafadores tienden a poner en el punto de mira a los inversores poco sofisticados, a los que normalmente les atraen las inversiones con un tipo de interés fijo (depósitos que devengan intereses o deuda a un tipo de interés fijo). Entienden esta clase de inversiones de tipo de interés fijo mejor que las acciones, y con tipos de interés fijo, parecen menos arriesgadas. Es este tipo de inversor el que constituye la víctima perfecta. Les venden inversiones que no entienden, y que por lo tanto no pueden validar. Los esquemas Ponzi tienen lugar cuando se dan los siguientes hechos:

DESCENSO DRAMÁTICO DE LOS TIPOS DE INTERÉS Y TIPOS DE INTERÉS TRASCENDENTALMENTE BAJOS

Tanto la última parte de la década de 1800 como la década de 1990 y la del 2000 fueron testigos de un empinado declive de los tipos de interés, y los esquemas Ponzi se agrupaban en los períodos donde dichos declives eran más dramáticos. Los diez casos más importantes, de los que hemos hablado en este libro, tuvieron lugar en esos dos períodos.

Los esquemas Ponzi surten más efecto cuando se producen descensos pronunciados y repentinos en los tipos de interés. Los inversores se acostumbran a un cierto nivel de rendimiento, quizás por sus ganancias o por los planes de ahorró para la jubilación.

Cuando los tipos de interés más bajos tienen como consecuencia un menor nivel de ingresos, los inversores se vuelven ansiosos por cambiar a una inversión más flexible. Estos ignoran a menudo el mayor riesgo que implica la búsqueda de un mayor rendimiento.

MERCADOS ALCISTAS

Los inversores invierten rápido cuando el mercado de valores va bien. Esto hace a menudo que los esquemas Ponzi se perpetúen, puesto que no escasea el dinero de nuevos inversores ansiosos por participar. Los mercados alcistas también tienen como consecuencia una mayor cobertura por parte de los medios de comunicación, lo que atrae a inversores adicionales. La especulación y las inversiones que conllevan un riesgo abundan, conforme el público en general lleva su dinero a los mercados para sacar tajada. Los mercados alcistas tienden a contar con una mayor proporción de inversores sin experiencia. Los tipos de interés actuales son casi de cero debido a unos descensos continuados de los mismos a lo largo de los últimos diez años. Los intereses relativos más altos en el mercado de valores conducen a la gente a que invierta en valores en general, lo que proporciona más capital potencial para los esquemas Ponzi.

SUPERVISIÓN REGULADORA

Los fondos de cobertura estaban restringidos originariamente a los inversores duchos en la materia que comprendían los riesgos inherentes y quienes se podían permitir perder el dinero invertido. Dado este hecho, los fondos de cobertura no se han visto sujetos a una normativa más extensiva. Esta ausencia de normas y de transparencia en cuando a los informes no ha pasado desapercibida para los estafadores, que a menudo describen sus inversiones como fondos de cobertura. Las revelaciones mínimas les permiten una manipulación más sencilla y mentir en los informes.

Aunque los fondos de cobertura aún están sometidos a algún tipo de regulación por parte de la Comisión de Bolsas de Valores y otros órganos reguladores, denominar sus esquemas como fondos de cobertura otorga mucha libertad a los estafadores. También atrae a la clase de inversor adecuada. El inversor normalmente debe tener unos ingresos altos de modo que se pueda permitir perder parte de su inversión o toda ella. La contabilidad de tan solo unos pocos, aunque grandes, inversores resulta también más sencillo para un estafador a la hora de tenerlo todo claro cuando el fondo es una gran mentira.

Si bien la mayoría de los fondos de cobertura no son esquemas Ponzi, muchos esquemas Ponzi si que son fondos de cobertura. Los estafadores evitan normalmente a las empresas que venden sus acciones a todo el público o fondos de inversión mobiliaria colectiva. Ambos cuentan con una vasta supervisión independiente en forma de exigencias normativas, informes y auditorías anuales independientes, de modo que es más probable que se descubrieran las discrepancias.

TIPO DE INVERSIÓN

En los diez casos más sonados de estafas Ponzi, en la mayoría de ellos se utilizaron pagarés con un tipo de interés garantizado generoso. Stanford fue una importante excepción. Fundó su propio banco, pero lo modeló como una variación de un tipo de interés garantizado alto con los certificados de depósito de alto interés.

Petters también utilizó pagarés; sin embargo, los fondos de cobertura que invirtieron en sus pagarés eran subesquemas Ponzi en su gran esquema.

Solo Madoff describió su inversión como un fondo de cobertura. Aunque el rendimiento que ofrecía era notoriamente consistente, se guardó mucho de no prometer explícitamente un tipo de interés fijo. En lugar de ello, dejó que su inversión de tantos años (ficticia, por supuesto) dejase entrever que el rendimiento era de un 12% garantizado.

CRÉDITO FÁCIL

El crédito fácil permite a los inversores tomar prestado dinero para invertirlo. La economía personal de los inversores individuales se apalancó mucho cuando se endeudaban más y más para invertir. Cuando se da una desaceleración económica, ello puede llevar a muchos al desastre financiero, como la crisis de 2008.

TECNOLOGÍA

La llegada de internet ha traído más información acerca de oportunidades de inversión que nunca antes. Aunque internet lo ha hecho todo más transparente y accesible, también ha permitido a los estafadores pescar a más víctimas inconscientes con promesas de beneficios espectaculares.

INVIERTA USTED MISMO

La sociedad cambiante ha resultado en menores garantías sociales. En el pasado, la gente trabajaba normalmente para la misma persona durante casi toda su vida profesional, y esa persona le daba a cambio una pensión mensual. Hoy en día, hay más empleados cuentan con una mayor movilidad. Los planes de pensiones con beneficio definido del pasado se han sustituido recientemente por planes de aportaciones definidas, en los que los individuos cargan con el riesgo y la recompensa de una inversión. En lugar de una administración profesional del dinero, autoadministran su dinero, lo que puede ser desastroso cuando se carece de experiencia financiera al tomar decisiones.

DAÑOS COLATERALES: LAS VÍCTIMAS

TODOS PAGAMOS EL PRECIO

LOS DAÑOS COLATERALES DE UN ESQUEMA PONZI SON MUCHO MÁS amplios de lo que parecen a simple vista. Las víctimas más evidentes son de entrada las personas que invirtieron en el esquema. Sin embargo, no son las únicas.

La sociedad en general paga un precio muy alto en forma de aumento de los costos regulatorios, así como los costos legales para investigar, juzgar y encarcelar a los delincuentes. Ya sea mediante impuestos o tasas más altas, todos terminamos pagando el precio de estos esquemas.

Los contables forenses suelen estar obligados a rastrear y recuperar los fondos, y los costos jurídicos para investigar y juzgar son altos. Además, el estafador probablemente de declarará insolvente y, encima, los costos de su defensa los pagarán los contribuyentes.

Por último, las leyes y normativas normalmente no se desarrollan hasta que alguien hace algo mal, lo pillan e inspira una nueva ley. Esto añade más gastos para presionar e implementar nuevas leyes, normativas y reguladores, y el gasto continuo por el cumplimiento de dichas leyes y la información para aquellos a quienes dichas leyes regulan.

El delito de guante blanco es el equivalente presente al atraco a bancos o al robo de diligencias de antaño. Los atracos a mano armada siguen sucediendo, pero hoy en día estos crímenes de la vieja escuela incluyen en su mayoría a delincuentes a pequeña escala que roban varios miles de dólares en el mejor de los casos.

El estafador de hoy es más probable que emplee la tecnología y la ingeniería social para arrebatar a la gente más millones o incluso miles de millones de dólares. Sin embargo, castigamos estos crímenes en menor grado. El autor se libra a la primera de cuentas, a menudo perdiendo sólo el dinero de los inversores que todavía no ha gastado, y posiblemente con una multa. A menudo solo las grandes estafas son las que acaban en cárcel. La sociedad considera que los esquemas Ponzi y otros delitos de guante blanco son menos serios, en parte porque los verdaderos costes permanecen en segundo plano.

Nuestro sistema de justicia asigna penas de prisión importantes para el robo a mano armada, y muy bien que hace. Los delitos con violencia deben cargar con una pena que disuada al delincuente. De otro modo, nuestra sociedad se convertiría en la ciudad sin ley y de la violencia.

Pero, ¿debemos comparar los delitos de guante blanco con los delitos tradicionales como el robo a mano armada basándonos solamente en el nivel de daño físico? La respuesta es no. Ambos tipos de delito son igualmente perjudiciales para los individuos y la sociedad en su conjunto, solo que de diferente forma. Las penas de prisión y las multas deberían reflejar eso.

Las sentencias por fraude no son acordes a los avances tecnológicos. Hace cien años, los ladrones solo podían robar en un sitio y a una persona a la vez, y si los pillaban se enfrentaban a períodos de prisión significativos.

Los estafadores ahora podían amasar miles de millones con impunidad, diezmando la riqueza de miles o incluso millones de personas. Como mínimo, el fraude perturba el comercio, desanima la inversión y reduce nuestro bienestar económico general. En el mejor de los casos, incrementa los costes destinados a supervisión y normativas que al final sale del bolsillo de los contribuyentes.

Dados los impactos, ¿por qué se dictan sentencias tan livianas en los casos de fraude y de delitos de guante blanco? Es porque los delitos de guante blanco han evolucionado, pero las leyes que los contraatacan fallan. Las leyes solo tienden a evolucionar después de un hecho, y aún con esas lo hacen gradualmente. El esquema ruso de Mavrodi es un ejemplo de ello. Aún no existían leyes para procesar el delito. En países en los que existen esas leyes, las penas son mínimas. Las normativas y las sentencias han estado vigentes mucho tiempo en Estados Unidos y en otros países occidentales, solo porque los esquemas Ponzi han tenido lugar en nuestras economías de libre mercado durante casi cien años.

Incluso en Estados Unidos, existe entre las jurisdicciones federal y estatal un mosaico jurídico de supervisión y aplicación normativas. En el mejor de los casos, ello tiene como resultado retraso en las investigaciones, como sucedió en el caso de Paul Burks y ZeekRewards, o en el peor de los casos, los fraudes que no investigaron y que aún no han sido procesados.

Con una recompensa tan grande, una sentencia de prisión leve no disuade en absoluto a un estafador. En los últimos años, las sentencias han comenzado a evolucionar y ahora reflejan con más precisión la gravedad del delito, al menos en el caso de los esquemas Ponzi más grandes. Las sentencias de Madoff y Stanford implican que van a pasar el resto de sus días en prisión, pero recibieron la máxima pena porque sus estafas de miles de millones de dólares tuvieron mucha difusión y los publicitaron mucho. Son la excepción, no la regla. Muchos estafadores aún no han recibido una condena a prisión.

Las sentencias por robo, fraude y otros delitos varían según el estado en los Estados Unidos, pero por un robo medio de unos 10.000 dólares o menos, el típico ladrón de bancos en Florida hoy cumple una condena de poco más de siete años de media. Parte del motivo por el que la sentencia es larga, y con razón, es que el robo de un banco se considera un delito con violencia.

Si bien no hay estadísticas individuales para el fraude o los esquemas Ponzi (un subconjunto de fraude), las sentencias son a menudo mucho más leves, a pesar de que la mayoría de los delitos comprenden millones o incluso miles de millones de dólares. Sólo alrededor de la mitad de los condenados realmente cumplen penas de cárcel, y de éstos, la pena media de cárcel es de sólo cuatro años. Los otros condenados reciben multas, algo irónico como método disuasorio si consideramos que su modus operandi es para recaudar dinero.

Los esquemas Ponzi no terminan abruptamente con las vidas de las víctimas con una bala, pero muchas víctimas le dirán que sus vidas efectivamente acabaron el día en el que perdieron sus ahorros. Aparte de la ruina financiera, muchos también experimentan graves depresiones, conductas suicidas y rupturas matrimoniales y familiares. Muchas víctimas de estafa afirman sentirse violadas, y muestran los mismos síntomas psicológicos que las víctimas de delitos con violencia.

Aunque que un estafador Ponzi no apunta con un arma a la cabeza de nadie, su hurto medio se cifra con facilidad en millones, y la escala y extensión del desastre es mucho más grande que un robo de banco. ¿Debería ser su sentencia la mitad o incluso menos que la de alguien que haya atracado un banco?

No creo que la sentencia por atraco de bancos debiera ser más leve, pero las sentencias de estafa sí que deberían ser más largas. El fraude es cualquier cosa menos un crimen sin víctimas, y la magnitud del daño, tanto en términos emocionales como económicos, debe reflejarse en las pautas de condena.

ECHAR LA CULPA

La sociedad tiende a culpar a la víctima de un esquema Ponzi casi tanto como al que la lleva a cabo. Hay una suposición implícita de que ha obtenido lo que merece por codicioso. Creemos que las víctimas deberían habérselo pensado mejor, o que su codicia se llevó lo mejor de ellos. Hasta que nos pase a nosotros.

Muchas de las víctimas de estafa son personas como tú y como yo. Probablemente tuvieron dudas al principio, pero una por una, un estafador las fue eliminando con gentileza. En un primer momento tuvieron cuidado, invirtiendo una pequeña cantidad. Cuando se materializaron los beneficios prometidos, mes tras mes y año tras año, quedó patente la legitimidad de la inversión. Invirtieron más, en muchos casos los ahorros de su vida. Realmente es imposible saber si actuaríamos de manera diferente en una misma situación.

Muchas víctimas simplemente no van a la policía. Se culpan a sí mismos, avergonzados por que los hayan engañado tan fácilmente. Las señales de alarma les miran por el espejo retrovisor. Sin saberlo, no estaban solos, y su reticencia a presentarse permite al estafador cobrarse muchas más víctimas.

Las separaciones matrimoniales son comunes tras estos casos. Surgen problemas de confianza, especialmente si una persona tomó la decisión de inversión, con o sin el conocimiento de su cónyuge. A menudo, la verdadera magnitud de la pérdida permanece oculta al cónyuge ajeno a todo hasta que resulta en una pérdida irreversible. Algunas víctimas afirman tener síntomas similares al trastorno de estrés postraumático, depresión e incluso pensamientos suicidas. La ansiedad y el insomnio también son comunes.

Demasiado viejo para trabajar, incapaz de recuperar los ahorros o obtener crédito es algo que constituye un revés dramático a una vida de ahorro. Muchos describen despertar cada día de lo que desearían que fuese un mal sueño, sólo para volver a descubrir su cruda realidad financiera.

Esto se debe a que la sociedad culpa en parte a la víctima de que estos estafadores tiendan a salirse con la suya fácilmente. Normalmente solo se recupera una pequeña cantidad de dinero.

ACECHANDO A LAS VÍCTIMAS

Los estafadores eligen a sus víctimas de forma indiscriminada, aunque a menudo prefieren extender su red tan lejos como sea posible. Más peces en el mar lleva a que se muerdan más anzuelos, lo que también implica más dinero para ellos.

A menudo prefieren a personas de clase media a los más acaudalados. Las personas con más medios tienden a contratar a asesores financieros profesionales para que hagan una preselección de las inversiones, y los estafadores quieren evitar un escrutinio minucioso a toda costa. Los ricos, además, cuentan con los medios para litigar en caso de que surjan problemas.

Mucha gente de clase media ha acumulado ahorros sustanciales durante toda su vida. Más importante aún, se sienten menos inclinados a gastarse los ahorros que tanto les ha costado ganar en honorarios de abogados hasta que ya es demasiado tarde. Las personas de clase media son un caramelo demográfico para un estafador Ponzi.

A pesar de quienes son, la mayoría de las víctimas de estos esquemas al final depositan todo su dinero con el estafador porque el rendimiento es espectacular.

Como dijo Charles Ponzi meses antes de morir sin un centavo en Rio de Janeiro:

«Mi negocio era sencillo. El viejo juego de robarle a Peter para pagar a Paul».

LA SIGUIENTE GRAN ESTAFA PONZI—PREDICCIÓN

¿HABRÁ MÁS ESQUEMAS PONZI? SÍ, SIN LUGAR A DUDAS. MUCHOS ESTÁN en funcionamiento ahora mismo, incluido el que eclipsará al de Madoff en tamaño dentro en esta década. Seguirá sin ser descubierto, hasta que una corrección en el mercado de valores o una calamidad financiera haga que todos los inversores amorticen sus inversiones.

Cuando lo hagan, el estafador será incapaz de detener la marea de amortizaciones, o de encontrar dinero nuevo para cubrirlas. Llegados a ese punto, el esquema se verá expuesto, topándose con el mismo final inevitable que cualquier otra estafa anterior a esta.

Antes de atender el próximo gran esquema Ponzi, es vital que entendamos lo que pasó en la crisis financiera de 2008. En aquel momento se sacaron a la luz más esquemas que en cualquier otro momento de la historia.

LA CRISIS FINANCIERA Y LOS ESQUEMAS PONZI

Cuatro de los esquemas Ponzi de más envergadura de todos los tiempos salieron a la luz en un corto período de tiempo entre 2008 y 2009:

Estafador
Estafa
Año
Cantidad (en millones)
1. Bernard Madoff
Fondo de cobertura
2008
65.000$
2. Sergey Mavrodi
Reventa
1990
10.000$
3. Allen Stanford
Banca
2009
8.000$
4. Tom Petters
Reventa
2008
3.700$
5. Scott Rothstein
Compensaciones en cuotas
2009
1.400$

EL PERÍODO de 2008 a 2009 fue un período único, con condiciones económicas que no se habían visto desde la Gran Depresión de los años treinta. Los tipos de interés habían caído drásticamente en años anteriores al 2008, lo que hizo que los inversores buscaran mayores beneficios. Ese mayor rendimiento llegó con un mayor riesgo, pero siempre y cuando los mercados subieran, nadie prestaría mucha atención.

Los bancos también estaban buscando mayores beneficios. En el pasado, los bancos actuaban principalmente como intermediarios, poniendo en contacto a compradores y vendedores de productos financieros como opciones y permutas de tipos de interés. No sólo comenzaron a comerciar con estos productos, sino que también inventaron nuevos productos derivados.

Un derivado es justo lo que suena: deriva su valor del valor subyacente de otra cosa. Podría ser una opción para comprar acciones a un precio fijado, o tal vez la capacidad de fijar un tipo de interés a largo plazo o una apuesta sobre el futuro precio del cobre. Sea lo que sea, la parte que está redactando estos contratos de opciones derivadas asume el riesgo de pagar potencialmente si el suceso ocurre dentro del plazo asignado.

Los bancos redactaron muchos de estos contratos. Sus analistas financieros habían calculado las cifras y las probabilidades. Sus ganancias se dispararon a medida que vendían más y más de estos productos.

Al mismo tiempo, el crédito era barato y fácil de conseguir. Las empresas se apalancaron con más deuda para comprar más equipo o expandir su negocio. Se podía comprar una casa por poco o nada de dinero. Los responsables de créditos obtuvieron incentivos para cerrar tantas hipotecas como fuera posible, por lo que a menudo pasaban por alto verificar los ingresos o los activos en las solicitudes de préstamo. Cualquiera que quisiera dinero podía conseguirlo fácilmente, con los llamados "préstamos con mentiras" (en inglés, «liar loans»). Los especuladores inmobiliarios se llevaban el máximo beneficio por las casas y elevaron aún más su precio.

Las instituciones financieras pronto reinventaron las hipotecas y los préstamos comerciales en más productos todavía. Varios préstamos se combinaron en nuevos productos, y se vendieron a los inversores porciones de este nuevo producto.

Aquellos productos, llamados papeles comerciales respaldados por activos (ABCP por sus siglas en inglés), eran préstamos a corto plazo que oscilaban entre los 30 y los 270 días. Estaban respaldados por activos a largo plazo, como las hipotecas. Permitían a los bancos eludir algunos requisitos normativos y eliminar los préstamos de riesgo de sus balances. Lo que es más importante, la reinvención también disfrazó a los préstamos de alto riesgo combinándolos con préstamos más seguros. Justo antes del colapso, el mercado de ABCP era el destino más grande para el capital de inversión, dejando atrás incluso a los bonos del tesoro de Estados Unidos como inversiones a corto plazo.

Un banco tomaría préstamos con una calificación crediticia de AAA y los combinaría en un paquete de ABCP con varios préstamos de alto riesgo y bajo calificación crediticia. Siempre y cuando el componente AAA se mantuviera en un cierto porcentaje de umbral del total, todavía podrían vender el producto como si tuviera una calificación de crédito AAA. Los inversores de estos productos pensaron que estaban comprando préstamos AAA al cien por cien, pero de hecho una parte de su inversión fue en realidad las hipotecas de alto riesgo o a los llamados «préstamos con mentiras».

El mercado de los ABCP se desentrañó a finales de 2007 y principios de 2008, y creó una restricción de liquidez que, en última instancia, comenzó la crisis financiera de 2008. A medida que los mercados inmobiliarios sufrieron una desaceleración, algunos de los tenedores de ABCP se dieron cuenta de que sus inversiones poseían hipotecas de alto riesgo y decidieron no reinvertir. El gran volumen de estos productos implicaba que los bancos no podían vender estos productos a nadie más. Tuvieron que quedarse de nuevo con esos préstamos, junto con el riesgo que inherente a ellos.

Mientras tanto, los precios de la vivienda se desplomaron, y con poco patrimonio o incluso en números rojos, la gente se limitó a dejar de pagar las hipotecas y se marchó. Muchas de las hipotecas de alto riesgo no se pudieron pagar.

Todo el mundo quería salir de ahí, pero debido a que los bancos habían creado tanto apalancamiento, no había suficiente dinero para pagar a los inversores a medida que los pagarés se cumplían. Además, los bancos no contaban con suficientes activos para compensar sus mayores pasivos y aún así cumplir con los requisitos de capital regulador. Efectivamente, los bancos eran insolventes, y el miedo puso en marcha la mayor crisis financiera desde la Gran Depresión.

El resto de la historia tiene su propio libro, pero puede hacerse una idea. Sin la intervención del gobierno en la mayoría de los países del mundo, todo el sistema bancario y financiero mundial se habría derrumbado. En algunos países como Islandia sucedió así. Parecía una repetición de la Gran Depresión, excepto por el hecho de que esta vez el gobierno actuó rápido, aunque de forma controvertida.

Muchos países aumentaron las garantías de seguro de depósitos para evitar que la gente retirase dinero en efectivo. Se nacionalizaron muchos bancos en todo el mundo, y los gobiernos mundiales trabajaron juntos para apoyar el sistema bancario mundial.

Sin embargo, la acción rápida del gobierno no nos libró del sufrimiento, solo retrasó lo inevitable. Desde 2008, los gobiernos han estado inyectando liquidez en el sistema financiero para resolver gradualmente el lío en el que nos encontramos. En Estados Unidos, esto comenzó con los préstamos del TARP (*Troubled Asset Relief Program*, en español, Programa de Alivio de Activos Problemáticos) del gobierno. Avanzaron en Estados Unidos y otros países hasta las medidas de expansión monetaria cuantitativas (también conocidos como QE1, QE2 y QE3 en Estados Unidos), una herramienta de política monetaria gubernamental a la que se recurriría como último recurso. La Reserva Federal de Estados Unidos compró (y sigue comprando) grandes cantidades de títulos respaldados por hipotecas de los bancos.

La alternativa de dejar que todos los bancos se hundiesen habría tenido como resultado una mayor catástrofe. Sin embargo, el rescate tiene un alto precio, y las generaciones futuras de contribuyentes pagarán por estas transgresiones durante muchos años venideros.

Nos han dejado gobiernos con escasez de dinero, que como prestamistas de último recurso cargan el resultado final de todos esos préstamos de alto riesgo y derivados exóticos. El nuevo peligro es que entre todos seguiremos gastando igual y crearemos nuevas burbujas de activos. Al igual que los adictos a las drogas, nos hemos vuelto dependientes del crédito fácil.

La crisis financiera sucedió a pesar de las salvaguardas que se establecieron durante años para prevenir que el sistema bancario se colapsase a pesar de los rescates de los gobiernos en todo el mundo. Nos escapamos por los pelos de un completo fracaso del sistema financiero global.

Durante el apogeo de la crisis financiera de 2008, muchas personas perdieron la fe en el sistema financiero y decidieron amortizar sus inversiones, especialmente las de los fondos de cobertura o de los mercados de valores. Muchos profesionales de la inversión se preocuparon hasta el punto de cerrar las cuentas bancarias. Este fue el catalizador que llevó a muchos esquemas Ponzi como el de Madoff y el de Stanford a la ruina.

Sin embargo, no todo el mundo amortizó sus inversiones, y algunos grandes esquemas Ponzi ciertamente se libraron de que los detectasen. Dependiendo de también llamado historial de devoluciones y de su reputación, sus inversores podrían haber optado por no retirar su dinero; especialmente si sus inversiones tenían una penalización por amortizarlas antes de tiempo, o si sus fondos eran tan exclusivos que ya de entrada eran difíciles de obtener.

La crisis financiera de 2008 ya quedó atrás, de modo que, ¿por qué todo esto es tan importante? Porque quizás no nos hemos librado aún. El rebote económico sólo nos ha dado algo de tiempo, y nuestros gobiernos no pueden permitirse hacer inyecciones de liquidez en la economía, o mantener los tipos de interés artificialmente bajos para siempre. Los gobiernos han utilizado casi todas las armas en sus arsenales, y tal vez no sean lo suficientemente fuertes como para resistir la próxima onda sísmica de recortes.

En algún momento, los gobiernos ya no podrán emitir más deuda ni imprimir más dinero. El resultado se percibirá inmediatamente en los mercados financieros a medida que la liquidez desaparezca. Con menos dinero para prestar, la economía mundial comienza a desapalancarse. Menos capital para invertir significa que algunos inversores altamente apalancados tendrán que amortizar las inversiones, incluyendo las más rentables. Cuando lo hagan, pueden que se lleven en una sorpresa desagradable. Es aquí donde se vendrá abajo el próximo gran esquema Ponzi.

LA HISTORIA SIEMPRE SE REPITE

¿Qué tiene todo esto que ver con el próximo esquema Ponzi? La historia siempre se repite, solo que nunca de la manera que esperamos.

Aunque hubo muchos factores que contribuyeron a la crisis financiera de 2008-2009, la liquidez fue el factor clave. La mayoría de los dilemas financieros se pueden curar con un cambio en los tipos de interés, las divisas o la intervención gubernamental, siempre que haya suficiente liquidez. Sin ello, hay un límite en cuántos países de la UE puede rescatar Alemania, o cuánta deuda puede emitir el gobierno de Estados Unidos.

La liquidez engrasa los engranajes y hace que giren. Los inversores y los prestatarios pueden ver más o menos rendimiento (o costos), pero todavía pueden obtener lo que quieren pagando por ello. Como sucede en una sopa, la liquidez se puede concentrar o diluir a voluntad, siempre y cuando todo el mundo permanezca en el juego. Por el contrario, si la liquidez se seca, todo nuestro sistema financiero se detiene, y el cunde el pánico.

La cura para la última crisis financiera bien podría ser el catalizador para la próxima crisis. Excepto que la próxima vez no habrá liquidez adicional para inyectar. El tiempo es la clave. Los gobiernos globales han agotado sus recursos y necesitan espacio para respirar. Si hubiera otra conmoción financiera demasiado pronto, no habría suficiente liquidez para repetir el proceso. La segunda parte de la crisis financiera se produciría, y la onda sísmica resultante pondría al descubierto el próximo gran esquema Ponzi.

¿Podemos predecir cuándo quedará expuesto el próximo esquema Ponzi? Creo que sí. Los esquemas Ponzi pueden existir en cualquier momento y en cualquier lugar, pero proliferan (y también se derrumban) si se dan ciertas condiciones.

No es tanto que los esquemas Ponzi ocurran en un momento

determinado, sino que se descubren en un momento determinado. Hay ciertos catalizadores que causan que los esquemas Ponzi se vengan abajo. Si podemos predecir estos desencadenantes, podemos determinar cuándo es probable que se exponga un esquema Ponzi. Para ello, primero tenemos que mirar los bloques de construcción de los esquemas Ponzi y los estafadores que los conciben.

CONSTRUYENDO EL ESQUEMA PONZI

En cada período que conduce al presente, los inversores han buscado siempre el rendimiento máximo. Vimos que varios esquemas Ponzi de miles de millones de dólares se derrumbaron desde la crisis financiera de 2008, y otros tantos más pequeños. Algunos sin embargo, sobrevivieron. Estos fondos resistieron la crisis mejor que Madoff, Stanford o Rothstein, pero no pueden continuar indefinidamente.

Los esquemas Ponzi más grandes tienen a menudo un mayor aguante. Su gran tamaño implica que probablemente cuentan con muchos más inversores. Esto puede suponer que aumentarían sus probabilidades de ser detectados, pero las cosas a menudo funcionan de manera diferente cuando hay grandes sumas de dinero de por medio. Al igual que el fondo de cobertura de Madoff, muchos de estos inversores habrán reinvertido su dinero en el fondo durante años, probablemente agregando más conforme su riqueza aumentaba durante los últimos años. Tener muchos inversores disminuye la posibilidad de que todos amorticen a la vez.

LOS INVERSORES

Los esquemas Ponzi y las inversiones en general han crecido durante la última década simplemente por el crecimiento demográfico fruto del *baby boom*. Este grupo es más pronunciado en algunos países que en otros, pues es uno de los resultados del final de la Segunda Guerra Mundial. Representa una gran transferencia generacional de riqueza que apenas estaba ganando popularidad mientras que la crisis financiera 2008 asestó su primer golpe.

Muchos de los nacidos durante el *baby boom* están jubilados o próximos a la jubilación. Aparte de sus ahorros para la jubilación, muchos también han heredado la riqueza de los padres que crecieron durante la Gran Depresión, y aprendieron a ahorrar y guardar dinero. A menos que ocurra una catástrofe, estos no planean tocar ni amortizar ninguna de sus inversiones durante mucho tiempo.

La gente jubilada o próxima a jubilarse es el principal objetivo de los estafadores Ponzi, simplemente porque está en la cima de su riqueza, y está buscando un lugar para colocar su dinero. Este fue un factor importante en la última ola derrumbes de estafas Ponzi, pero se verá más pronunciado conforme se jubilen más de los nacidos durante el *baby boom*.

Si encaja en esta categoría, ahora puede ser un buen momento para revisar sus inversiones y comprobar ver si ve señales de alarma que justifiquen una investigación más en profundidad. Podría estar inmerso en un esquema Ponzi y no saberlo.

Por último, los fondos más grandes atraen a los más inversores más ricos, organizaciones benéficas e instituciones. Los inversores de Madoff incluyeron a varios multimillonarios y muchas organizaciones de caridad y fundaciones de renombre. Algunos eran fondos de dotación, que tenían normas que estipulaban que solo se podía retirar el 5% o algún porcentaje similar. Esta estrategia funciona bien, ya que resulta en amortizaciones predecibles, pequeñas, durante un período de tiempo muy largo. Creo que el próximo gran esquema Ponzi tendrá el mismo tipo de clientela.

SUELO FÉRTIL

La empresa que está llevando a cabo el próximo esquema Ponzi es probable que sea de origen estadounidense o británico. Ambos países son los principales destinos para los fondos de cobertura a nivel global.. El setenta y cinco por ciento de los fondos de cobertura europeos están domiciliados en Londres.

La dirección probablemente tendrá su sede en Londres o Nueva York. Puesto que estamos buscando una farsa, el foco aquí está en la localización de quién lo administra, y no la de los fondos en sí. Sin embargo, los aspectos complejos o que guardan relación con el extranjero de los esquemas Ponzi a menudo implican que los llamados fondos o inversiones subyacentes podrían estar localizados en la costa, posiblemente en el Caribe, o un paraíso fiscal secreto. Muchas personas ricas han establecido fideicomisos y mantienen sus inversiones en el extranjero para evitar impuestos, como la estafa de Stanford en Antigua.

Aunque Florida es un uno de los destinos preferidos, las estafas allí son normalmente a escala más pequeña, con la notable excepción de Rothstein.

A pesar de los grandes mercados de capital de Europa, creo que el próximo gran esquema Ponzi es menos probable que ocurra allí. Hay una diferencia en el clima social y político en los países europeos en general en comparación con el enfoque de la libre empresa de los Estados Unidos. Muchos estados europeos tienen pensiones generosas, lo que deja menos inversiones (y menos decisiones de inversión) en manos de los individuos. En los Estados Unidos, el sistema está menos apoyado por el estado y más orientado al individuo. Por lo tanto, un panorama de riqueza para buscar víctimas.

Dado que cuatro de los cinco esquemas Ponzi de mayor envergadura tuvieron lugar en Estados Unidos, existe una alta probabilidad de que encontremos el siguiente allí también. Puesto que será el esquema Ponzi más grande expuesto hasta la fecha, llevará en funcionamiento mucho tiempo y probablemente esté compuesto por muchos inversores ricos. Es probable que se encuentre donde se congregan el capital de inversión y el dinero de las familias más acaudaladas, como Nueva York. Nueva York también pasa a ser uno de los estados más poblados, junto con California, Texas y Florida, por lo que hay una mayor probabilidad de que se produzca una estafa en cualquiera de estos estados.

CUÁNDO

Hay suficientes rasgos comunes para hacer algunas suposiciones sobre el momento en el que tendrá lugar este colapso. Los tipos de interés todavía están en mínimos históricos, y los rescates del gobierno y las intervenciones del mercado han alargado la era del dinero fácil para evitar el colapso financiero total. Este enfoque permite que los mercados financieros, y la confianza de los inversores, se recuperen. Sin embargo, también fomenta un nuevo ciclo del mismo comportamiento que causó la crisis financiera en un primer momento. Aumenta la probabilidad y la magnitud de otra crisis financiera, especialmente en los próximos años, ya que los especuladores y otras personas asumen más riesgos en busca de mayores beneficios.

Dado que la Reserva Federal de Estados Unidos ha indicado que tiene intención de detener las medidas de expansión monetaria cuantitativas ya en 2014, podemos esperar que la liquidez se acabe poco después. Aunque las acciones del banco central pueden ser graduales, el efecto bumerang en los mercados financieros puede que sea más repentino. Cuando los bancos tengan menos fondos disponibles de la Reserva Federal, harán menos préstamos, lo que tendrá como resultado que se harán menos inversiones. Los mercados tienden a tener en cuenta las noticias antes de los hechos reales. Por esta razón, creo que se producirá una contracción significativa del mercado, dependiendo el momento en que el terminen realmente las medidas QE.

EL AÑO

La actual intervención del gobierno continuará manteniendo todo funcionando durante uno o dos años más después de que termine la política de medidas de expansión monetaria cuantitativas. Sin deuda nueva, el crédito y la liquidez se contraerán bruscamente. Dado que llevará algún tiempo que esto se note, predigo que esta contracción financiera comenzará a tener repercusiones agudas en 2016.

Casualmente, resulta que 2016 también será año de elecciones en Estados Unidos. Los años de elecciones suelen ser positivos para los mercados financieros. Sin embargo, esta vez será diferente. No importa qué partido político se elija, habrá un nuevo presidente, ya que Obama habrá cumplido su segundo mandato. Agregue la incertidumbre de un nuevo presidente sin más herramientas para intervenir en el mercado y manejar así el tema de la liquidez, y que tiene una receta para otra crisis financiera. No hay cabida para errores.

EL MES

Si la historia pasada sirve como indicador, podemos señalar también la época del año en la cual ocurrirá la próxima caída de un esquema Ponzi. La mayoría de los esquemas Ponzi quedan expuestos en el último trimestre del año, específicamente entre septiembre y diciembre.

¿Por qué se concentran en la segunda mitad del año?

Los inversores a menudo amortizan las inversiones que les han dado dinero para compensar las pérdidas fiscales en el mismo año y evitar así el pago de impuestos. Tienden a hacer esto cerca del final del año, como de octubre a diciembre.

Una segunda razón son los propios fondos. Algunos esquemas Ponzi se autodescriben como fondos de cobertura y, por lo tanto, están obligados a informar sobre sus participaciones al menos una vez al año. El final de año de la mayoría de estos fondos es el 31 de diciembre.

El administrador del fondo debe informar sobre todas las participaciones, por lo general en un informe anual o trimestral. No solo es una gran tarea falsificar varios informes financieros, sino que tienen que se tienen que elaborar lo suficientemente bien como para pasar el escrutinio de un auditor externo y/o de las autoridades reguladoras. A medida que la fecha se acerca, algunos administradores de inversiones podrían decidir detener la farsa, ya que podrían verse incapaces de hacer malabares con tantas pelotas.

La mayoría de las correcciones importantes de mercado en los últimos años han ocurrido entre septiembre y diciembre. Si bien la corrección puede ser abrupta, algunos inversores podrían tomarse su tiempo en decidir si deben retirar su dinero o no. Otros actuarán de inmediato, ello dará más fuerza a otra caída del mercado. Llegados a este punto, más personas podrían amortizar sus inversiones, y el estafador Ponzi se vería presionado a conseguir dinero en efectivo. El estafador ya no puede pagar a los inversores que claman golpeando su puerta. Esto sucede generalmente varios meses después de la caída inicial del mercado, en el punto donde el estafador ya no puede inventar más excusas para persuadir al inversor a mantener el dinero en el esquema. El fondo estafador no puede pagar los intereses mensuales, así que después de que no se cumplan un par de pagos, por lo menos un inversor informará sus sospechas a las autoridades, dándose cuenta en retrospectiva de que lo han engañado.

También podemos estar razonablemente seguros de cuando no tendrá lugar ese colapso. En general, el mercado está más tranquilo en el verano, cuando la gente se toma un tiempo de vacaciones. El viejo refrán «sell in May and go away» (en español, «vender en mayo y desaparecer») deriva del hecho de que hay menos actividad comercial y menos volatilidad en los meses de verano, de mayo a septiembre.

El patrón comercial no es tan aleatorio como pueda parecer. El otoño es la época de nuevos comienzos y del incremento de la actividad tras el verano. Eso incluye a los que se dedican a las inversiones que vuelven de sus vacaciones, a los inversores que reevalúan sus carteras y a un aumentado volumen de noticias sobre la economía. Es natural que la gente sea más propensa a absorber, evaluar y actuar ante las malas noticias todo a la vez.

Es probable que el esquema Ponzi salga a la luz en noviembre, un mes después de la alta volatilidad del comercio de octubre, y cuando los inversores consideren vender por las pérdidas fiscales de final de año o por volver hacer el balance de la cartera de inversión.

EL DÍA--LUNES

Puede que lo más fácil de predecir sea el día de la semana. Tenga en cuenta que el caso de estafa afecta a una empresa que cotiza en bolsa. Hay normativas estrictas que rigen la revelación de información.

Cualquier noticia que afecte a la actividad comercial debe revelarse cuando los mercados estén cerrados. Los comunicados de prensa, especialmente los negativos, tienden a tener lugar el fin de semana. La esperanza es que haya tiempo para que cualquier mala noticia sea eclipsada por otra cosa, o bien que se difunda y se acepte antes del inicio de las relaciones comerciales del lunes.

En el caso de un esquema Ponzi, las autoridades tomarán varias acciones antes de que se anuncie. Querrán asegurarse de que tienen todo en orden y no prevenir del estafador de antemano. En muchos casos, cerrarán la operación un viernes por la tarde, con la intención de anunciar los cargos el lunes por la mañana temprano.

Se prepararán con órdenes de registro de las instalaciones del sospechoso y se congelarán activos como cuentas bancarias. Para justificar los cargos en la mayor medida posible, necesitarán tiempo para examinar los libros e informes. La primera oportunidad de revisar los informes de forma detallada es en este momento, por lo que utilizarán el fin de semana para buscarlos en la medida de lo posible para determinar los posibles cargos. Un equipo de expertos en contabilidad forense y fraude peinarán los libros y congelarán los activos relacionados en otras instituciones o en otras jurisdicciones. Siguiendo el rastro del dinero, es probable descubrir activos previamente desconocidos. Cuantos más activos se descubran, más posibilidades de recuperarlos.

Ahora que hemos determinado que este Ponzi se verá expuesto públicamente en los Estados Unidos un lunes de noviembre de 2016, ¿qué lunes será?

Podemos descartar el 7 de noviembre ya que es el día anterior a las elecciones, y el 21 y 28 de noviembre están demasiado cerca del Día de Acción de Gracias. Por eliminación, 14 de noviembre es el día más probable de todos.

EL ESQUEMA PONZI DEFINITIVO--QUIÉN, QUÉ, CUÁNDO Y DÓNDE

Dado que podemos predecir el entorno y la fecha, ¿cómo será este esquema Ponzi? Estará al menos en la escala de Madoff, pero casi seguramente más grande, ya que ya resistió la crisis financiera de 2008. Al igual que el fondo de Madoff, probablemente se ha llevado durante décadas. Si la historia pasada predice del futuro, estará representado como un fondo de cobertura, como el de Madoff, o algún tipo de tipo de acuerdo mediante corredor de bolsa, como los acuerdos estructurados de Rothstein, o la reventa de comestibles y de electrónica de Shapiro y Mavrodi respectivamente. El escenario más probable es se trate de algo fuera del alcance regulador de la Comisión de Bolsas de valores, como la estafa de acuerdos estructurados de Rothstein.

SECRETOS DESCUBIERTOS

Como sucedió con muchos de los esquemas tratados en este libro, es posible que haya sospechas acerca de esquemas que aún no se hayan descubierto mucho antes de que salgan a la luz. Otros profesionales de la inversión aplicaron un proceso de retroingeniería a los supuestos rendimientos de Madoff y Stanford, y fueron incapaces de copiar las cifras resultantes. Incluso informaron acerca de sus sospechas a la Comisión de Bolsas de Valores, pero no se actuó en consecuencia inmediatamente.

De los cinco mayores casos tratados en el libro, ninguno salió a la luz directamente por las autoridades reguladoras. Bernard Madoff se entregó. Los soplos relacionados con él varios años antes se ignoraron completamente. La investigación por evasión fiscal de Sergey Mavrodi fue el detonante para el descubrimiento de su estafa.

Al fraude de Allen Stanford le aplicó un proceso de retroingeniería un analista, pero no se tomó acción inmediata. El delito de Tom Petters se descubrió solo cuando una de sus primeras empleadas entregó pruebas a las autoridades, y la estafa de Scott Rothstein salió a la luz durante su melodramático vuelo a Marruecos cargado de millones.

Todos los esquemas los reveló alguien que no era parte de las autoridades competentes, justo cuando estaba a punto de irse a pique.

¿PODEMOS EXPONERLO ANTES DE QUE SE HUNDA?

Dado que la estafa de 65.000 millones de dólares de Madoff no fue lo suficientemente grande como para soportar la crisis financiera de 2008, y suponiendo que este sí, probablemente se trate de un esquema de al menos 100.000 millones de dólares.

Si consideramos que es cierto, ¿cómo podemos encontrar semejante esquema antes de que estalle? Una forma podría ser dónde invierten las personas más ricas. Este tipo de gente se halla en el punto de mira de los estafadores, no solo por su riqueza, sino también porque tienden a guardar el secreto. Ese secretismo juega a favor del estafador.

Quizás la forma más fácil sea observar las mayores inversiones llevadas a cabo por organizaciones benéficas o fondos de dotación. El estafador es probable que los haya convencido para que inviertan más tras su precoz éxito, por consiguiente será uno de los lugares donde más participaciones tengan. Un esquema Ponzi con fondos de dotación solo podrá amortizar un 5% anual, como sucedió con la estafa de Madoff, por lo que el estafador no tendrá que enfrentarse a grandes amortizaciones, y el dinero permanece invertido durante décadas.

Ese es el escenario más probable, pero el esquema podría incluir muchos tipos de inversor, y usted podría ser uno de ellos. Compare cada una de sus inversiones con la lista de control del final del libro. ¿Pasan ese control? Al igual que sucede con una relación incestuosa o con una aventura extramatrimonial, que un artista del engaño tenga éxito depende de la ingenuidad de sus víctimas.

Después de que haya comprobado sus inversiones con la lista de control, anote cualquiera de esas inversiones que concuerde con los criterios de la lista. Ahora dirija su atención al mandamás de esa inversión. ¿Qué puede encontrar sobre esa persona? ¿Lleva un estilo de vida extravagante, o ha donado millones a organizaciones benéficas? Eso de por sí no indica que haya engaño; sin embargo la mayoría de los estafadores Ponzi si que llevarán un ritmo de vida extravagante. Las muestras públicas de opulencia y el altruismo máximo pueden ser indicadores de ganancias obtenidas de forma ilegítima y que hay gato encerrado.

Antes de que salga a la luz el premio gordo, se revelarán otros esquemas Ponzi de menor envergadura. Sin embargo, el grande nos dejará a todos sin aliento.

EL POSIBLE CULPABLE

¿Podemos ser aún más precisos acerca del estafador? Basándonos en los perfiles dados en este libro, podríamos determinar rasgos del carácter, aunque puede que algunos solo sean obvios a posteriori. Lo mas notorio es la falta de conciencia o remordimiento, y un ego y sensación de tener derecho a hacerlo desmesurados.

Además de los rasgos psicológicos y de la personalidad, ¿podemos hacer un perfil más específico de semejante persona? Hasta un cierto punto, podemos atender a estafas pasadas en busca de pistas para determinar las futuras.

Casi todas las estafas tratadas en este libro las cometieron hombre de más de cuarenta años. Eso es algo extrapolable a las estafas en general, no es algo único de los esquemas Ponzi. Estadísticamente, no solo los hombres cometen estafas, pero esta cifra tiende a ser significativamente superior a la de las mujeres.

¿Son los hombres más mentirosos que las mujeres? ¿Acaso sienten una repentina propensión a robar después de los cuarenta? Esto sería una explicación demasiado simplista, pero ahí parece haber cierta base para sustentar las estadísticas.

Tenga en cuenta los papeles históricos del hombre y de la mujer en la sociedad y en el trabajo. Los hombres han superado con creces la cantidad de mujeres en el trabajo hasta las últimas décadas. Incluso hoy, los hombres aún superan de lejos el número de mujeres en puestos de autoridad: puestos con poder de decisión o acceso a grandes sumas de capital. El sector de la inversión concretamente está dominado por los hombres. Esa misma desigualdad se mantiene en el caso de los delitos de guante blanco, puesto que de entrada se ha de tener la oportunidad para cometer un delito.

Esta percepción está cambiando, pues hoy en día las mujeres igualan por poco a los hombres en campos como las finanzas, el derecho, la contabilidad y otras profesiones, aunque aún ocupan un desproporcionado número de rangos más bajos en la jerarquía empresarial, y solo unas pocas trabajan en los puestos de más arriba. Hasta que esta demografía no cambie, es muy probable que el siguiente gran estafador Ponzi sea un hombre.

Suponiendo que esto sea cierto, ¿por qué no un hombre entre veinte y treinta años? Por el simple hecho de que todos los esquemas comienzan siendo pequeños. Nadia inicia una estafa contando ya con miles de millones de dólares. Un estafador empieza con estafas pequeñas, y si tiene éxito, aumenta el alcance y el tamaño de la estafa con el paso del tiempo. También necesita hacerse con contactos (de aquellos que recomiendan inversores a los propios inversores, quienes supuestamente reinvierten o traen nuevos amigos).

Construir una estafa de miles de millones de dólares lleva décadas conseguirlo. Una vez que un estafador comienza a engañar a gran escala, el esquema se propagará conforme haga caer en la trampa a más y más víctimas. Las actividades ilegales tardan en llegar a una masa crítica, probablemente décadas por lo menos.

Basándonos en otros estafadores que hemos examinado, nuestro estafador es probable que sea una personalidad respetada de la alta sociedad. Probablemente realice grandes donaciones a la caridad, y que forme parte de la junta directiva de una o más organizaciones sin ánimo de lucro. Empleará tecnología más sofisticada que los estafadores que hemos visto hasta la fecha, y este factor puede que sea en parte porque salió airoso de la crisis financiera de 2008.

Finalmente, parecerá inmensamente rico, con muchos juguetitos caros.

LA PREDICCIÓN

Ahí lo tiene. Las probabilidades apuntan a que el mayor esquema Ponzi de todos los tiempos será una estaba de más de 100.000 millones de dólares y que se revelará el lunes 14 de noviembre de 2016 en Nueva York. La estafa será un fondo de cobertura neoyorkino que utilizará algún tipo de estrategia de acuerdo estructurado como la estaba de Scott Rothstein. Dicho esquema lo sacará a la luz un fondo de cobertura rival que esté tratando de aplicar un proceso de retroingeniería a su rendimiento estelar.

Nuestro estafador será un hombre muy respetado de más de cincuenta años, un abogado o un contable. Ah, y probablemente conduzca un Bentley.

EPÍLOGO

ACTUALIZACIÓN DE LA PREDICCIÓN
DE 2016

ANATOMÍA DE UN ESQUEMA PONZI, ESTAFAS PASADAS Y PRESENTES SE publicó por primera vez en diciembre de 2013. A la sazón, habían pasado cinco años desde la crisis financiera de 2008 que había supuesto el catalizador para la estafa de 50.000 millones de dólares de Madoff y de cientos de estafas multimillonarias en todo el mundo.

Desde que hiciera mi predicción, sucesos a nivel mundial han hecho que se ralentice la economía china, algo que ha colapsado el precio de las materias primas y especialmente el de los combustibles, liderado por Arabia Saudi. La crisis financiera griega y las guerras y las crisis de los refugiados en Siria e Irak también han azotado de forma significativa a la Unión Europea y al resto del mundo. El alzamiento de ISIS ha contribuido a la mayor crisis de refugiados de este siglo, y aún no se ha acabado.

En África, el ébola se convirtió en la pandemia más grande de los últimos siglos, y ha aumentado la inestabilidad política en Ucrania y en Oriente Medio. Sucesos como estos siempre han sucedido y siempre sucederán. Lo que es más significativo ahora es la magnitud y frecuencia con la que tienen lugar dichos sucesos. Crea un clima político y económico más volátil. El ambiente es de cambio, y cada nuevo suceso golpeará más fuerte y rápido. Es una señal de que estamos interconectados a nivel global, lo que trae tanto más oportunidades como inestabilidad. En resumen, actualmente hay muchas otras crisis. Aunque la economía se ha recuperado un poco, es incluso peor que en 2008 por muchas razones. Los mercados financieros se han vuelto cada vez más volátiles, a pesar de los tipos de interés bajos. Aunque esos aumentos del tipo de interés no se materializaron dentro del tiempo que di, mi predicción aún sigue en pie. La única diferencia es que los mercados de valores actuales están muy cerca de colapsarse incluso sin una subida de los tipos de interés o una inflación rampante.

En retrospectiva, fui demasiado optimista acerca de que los gobiernos habrían fijado la economía apalancada en exceso en lugar de continuar con medidas de expansión monetaria cuantitativas durante tanto tiempo. Sin embargo, la crisis era mucho peor de lo que cualquiera hubiera imaginado. Es probable que el público general no supiera cuán cerca llegamos a estar del colapso financiero.

Los pros y los contras de las medidas de expansión monetaria cuantitativas van más allá de lo que recoge este libro, pero lo que se pretende lograr con ellas es una devaluación lenta y un desapalanca-miento del capital. Los tipos de interés se mantienen bajos para prevenir el colapso económico, pero un efecto secundario de ello es el dinero fácil. Los gobiernos, las empresas y la gente toman prestado más dinero porque hacerlo es más barato que antes. A veces toman dinero prestado a un tipo de interés bajo para invertir en algo que esperan que les dé un mayor rendimiento. En otras palabras, se apalancan con más deuda adicional. El resultado final es que el desapalancamiento no funciona en absoluto. En su lugar, crea una burbuja de activos conforme más dinero (prestado) busca los pocos activos que quedan. La burbuja se limitará a crecer cada vez más hasta que al final estalle.

Aunque el gobierno no subió los tipos de interés en el período que esperaba, eso no cambia realmente mi predicción. Las subidas de los tipos de interés son una herramienta empleada por los gobiernos para detener la inflación desenfrenada. Hoy en día las condiciones son exactamente las opuestas; nos encontramos en un ciclo deflacionario a nivel global. Muchos países tienen tipos de interés negativos. En otras palabras, hay tanto una demanda baja como una inflación baja o negativa. El mercado de valores es cada vez más volátil, a pesar de las políticas sobre los tipos de interés.

Muchos de los factores que contribuyeron al colapso financiero de 2008 aún no se han atendido hasta la fecha, y probablemente nunca se atiendan, puesto que es algo difícil de vender a nivel político. Los mercados de divisas son mucho más grandes que los mercados de valores. Ya no los rigen los gobiernos ni las políticas, sino los especuladores y los beneficios rápidos.

La predicción es tanto una ciencia como un arte. Dadas las variables en juego, quizás no sorprenda el hecho de que la el componente clave de mi predicción, que son los tipos de interés, aún no se haya materializado. Había predicho que los tipos de interés subirían a mediados de 2015. Sin embargo, en el momento de esta actualización, marzo de 2016, la Reserva Federal de Estados Unidos aumentó los tipos de interés sólo una vez en 2016. Los sucesos a nivel mundial retrasaron cualquier otra subida que hubiesen planeado desde aquel momento. Una mayor subida de los tipos de interés habría ocasionado el colapso y la quiebra de varios países muy significativos de Europa, por ejemplo.

La Reserva Federal quiere aumentar los tipos de interés, pero si se hace demasiado pronto se arriesgan a sufrir un desastre financiero y económico, incluso ocho años después del punto más álgido de la crisis actual. Esto se limita a ilustrar cuán desesperada es la situación. No podemos vivir para siempre con un tipo de interés a cero. Sin embargo, tarde o temprano, los tipos de interés tienen que subir, o no habrá incentivo para el crecimiento y la inversión.

Todo está entrelazado, y los gobiernos ya no son capaces de manipular los mercados globales ni las divisas como en el pasado. Una de las palancas que tienen es la política de los tipos de interés, pero en esta economía global interconectada, incluso los tipos de interés tienen un impacto a corto plazo limitado.

A pesar de cuando o cuánto aumentan los tipos de interés, ahora solo son un factor en mi predicción. La burbuja de activos que se creó desde 2008 minimiza su impacto, porque el daño ya está hecho. Sin embargo, eso no cambia lo que pasará. Los mercados sobrevalorados aún se desplomarán, y cuando lo hagan sacarán a la luz a la última banda de ladrones. Espero que se proteja valorando con escepticismo las inversiones potenciales, y utilizando las estrategias que he resumido en el libro.

¿Te ha gustado *Anatomía de un esquema Ponzi?*
Lee *Maniobra de evasión*

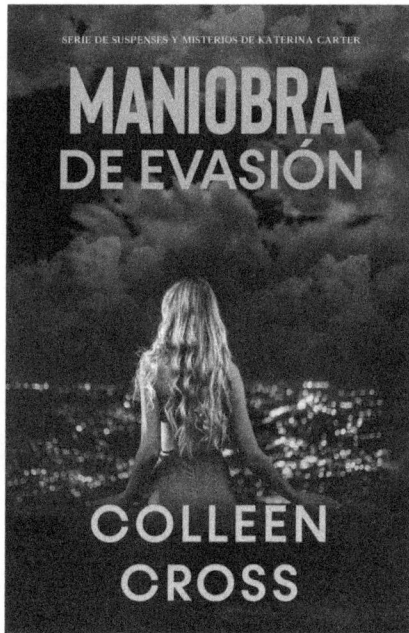

PUEDES CONSEGUIR los demás títulos de la colección y otros libros de Colleen en este enlace o en su página web. Regístrate para recibir el boletín de noticias en http://www.colleencross.com

APÉNDICE –RECURSOS ÚTILES

La próxima vez que se vea tentado por una oportunidad de inversión con fabulosos beneficios, evalúela siguiendo la pauta de la lista de control expuesta a continuación. Si coincide aunque sea con uno de los puntos de la lista, piense dos veces lo de invertir.

La lista de control también se puede extrapolar para cualquier tipo de inversión. Nunca entregue su dinero sin comparar primero la inversión con la lista.

LISTA DE CONTROL DE ESQUEMAS PONZI

1. Rendimiento anormalmente alto
2. Un alto rendimiento durante un largo período de tiempo
3. Un rendimiento significativo durante un corto período de tiempo
4. Tiempo limitado o urgencia
5. Inversiones no registradas
6. Sin folleto
7. Vendedores sin licencia
8. Estrategias secretas o complejas

9. Inversiones en el extranjero
10. Dificultad para que le paguen
11. Exclusividad
12. Incentivos para que reinvierta
13. Dificultades al buscar información sobre el vendedor
14. Empleados sin cualificación o experiencia

PROTECCIÓN DEL INVERSOR Y OTROS RECURSOS

Existe una gran cantidad de información en internet sobre la protección del inversor y sobre la concienciación del fraude. A continuación, se exponen solo unas pocas agencias del gobierno y organizaciones sin ánimo de lucro que proporcionan consejos para evitar estafas, alertas y historias sobre casos verídicos interesantes.

Estados Unidos
U.S. Securities and Exchange Commission
www.sec.gov
Ver la sección «*investor tools*»
Financial Industry Regulatory Authority
www.finra.org
www.saveandinvest.org/fraudcenter/
Financial Fraud Enforcement Task Force
www.stopfraud.gov
Federal Bureau of Investigation
www.fbi.gov
Ver la pestaña «Scams and Safety».

North American Securities Administrators Association
www.nasaa.org
Ver la sección «Top Investors Threats»
Association of Certified Fraud Examiners
www.acfe.com
Ver la sección de «Fraud Resources».

Canadá
>
> ### B.C. Securities Commission
> www.befraudaware.ca
> www.investright.org

Ontario Securities Commission
www.osc.gov.on.ca/en/investors

The Canadian Foundation for Advancement of Investor Rights
www.faircanada.ca
Ver la sección de «Investor Resources».

Canadian Securities Administrators
www.securities-administrators.ca

RCMP
www.rcmp-grc.gc.ca/scams-fraudes/inv-fra-eng.htm
Información sobre estafas en el mercado de valores y en inversiones

Association of Certified Forensic Investigators of Canada
www.acfi.ca

NOTA DE LA AUTORA

Espero que haya disfrutado de la lectura de *Anatomía de un esquema Ponzi*. Aunque los esquemas Ponzi y las estafas en general son algo que me fascinan, me entristece oír historias de gente a la que han engañado una y otra vez con el mismo viejo truco. Es verdaderamente increíble cuánto corrompe y cala el fraude en nuestra sociedad. Me parece igualmente sorprendente cuán fácil es divisarlos, siempre y cuando sepa uno lo que está buscando.

Recuerde, si ve algo sospechoso, utilice los recursos expuestos en este libro para validar sus sospechas. Sobre todo, denúncielo, por favor, de modo que otros escapen de la miseria financiera.

También escribo novelas de misterios y de suspense con temática jurídica. Para más información visite http://www.colleencross.com /

Regístrese en mi nueva hoja informativa para recibir ofertas exclusivas para suscriptores y noticias sobre mis libros. Si le ha gustado este libro, por favor deje una pequeña reseña en su plataforma de lectura favorita, o recomiéndeselo a su librero local. Las reseñas y recomendaciones de los lectores ayudan mucho a un autor para que crezca el número de lectores. ¡Muchas gracias por leer el libro!

NOTA DE LA AUTORA

Colleen Cross
http;//www.colleencross.com

SOBRE LA AUTORA

Colleen Cross es la autora de los la serie de thriller de suspenses y misterios de Katerina Carter, detective privada y de su homóloga Katerina Carter Color of Money. Sus dos populares series de misterio giran en torno al mismo personaje. Katerina Carter es contable forense e investigadora de fraudes, con un buen conocimiento de las calles. Siempre hace lo correcto, aunque sus métodos poco ortodoxos con frecuencia ponen los pelos de punta y el corazón en la garganta.

Colleen también es contable forense e investigadora de fraudes, así como autora de libros sobre crímenes reales. En Anatomy of a Ponzi: Scams Past and Present desenmascara a los mayores perpetradores de la estafa Ponzi de la historia y explica cómo consiguieron llevar a cabo sus crímenes sin ser condenados. Colleen predice el lugar y el momento exactos en el que se descubrirá el mayor fraude de Ponzi de la historia, y nos da las pistas necesarias para estar sobreaviso.

Enlaces de Colleen en las redes sociales:

Facebook: www.facebook.com/colleenxcross

Twitter: @colleenxcross

o también en Goodreads

Para conocer las novedades literarias de Colleen, por favor visita su sitio web: http://www.colleencross.com.

¡Inscríbete su boletín para estar al tanto de sus nuevos lanzamientos!

OTRAS OBRAS DE COLLEEN CROSS

Los misterios de las brujas de Westwick

Caza de brujas

La bruja de la suerte

Bruja y famosa

Brujil Navidad

Brujería mortal

Serie de suspenses y misterios de Katerina Carter, detective privada

Maniobra de evasión

Teoría del Juego

Fórmula Mortal

Greenwash: Un Engaño Verde

Fraude en rojo

Luna azul

No-Ficción:

Anatomía de un esquema Ponzi: Estafas pasadas y presentes

¡Inscríbete su boletín para estar al tanto de sus nuevos lanzamientos!
http://eepurl.com/c0js9v

www.colleencross.com

NOTAS

LOS ELEMENTOS DE UN ESQUEMA PONZI

1. N.D.T. La frase del texto original es *"rob Peter to pay Paul"*. Un equivalente en lengua española sería "desvestir un Santo para vestir otro", pero, ante la imposibilidad de sustituir la expresión idiomática por el equivalente debido a que la autora explica la original a continuación, el traductor ha optado por traducirla de forma literal.

RETRATO DE UN ESTAFADOR

1. The Hare Psychopathy Checklist-Revised by Robert D. Hare, 1991. Multi-Health Systems, 908 Niagara Falls Blvd, North Tonawanda, New York, USA, 14120-2060
2. N.D.T. El nombre que se le da a la teoría es el acrónimo que proviene de las siglas formadas por la primera letra de cada una de las palabras en inglés que componen los ingredientes para una estafa, a saber, *Greed, Opportunity, Need* y *Expectation*.

CHARLES PONZI

1. Cita original: «It might have looked economically unsound as an investment. But it was extremely attractive as a gamble».

ESTAFADORES DEL SIGLO XIX

1. Sobrenombre original: «Old Eight Percent».
2. Sobrenombre original: «*The Woman's Bank Swindler*».
3. Sobrenombre original: «*Honest Bill*».

PONZI #9—MARC DREIER

1. Cita original: «It's easy to say you'd never cross the line, but the line is presented to very few people».

PONZI #8—NEVIN SHAPIRO

1. *National Collegiate Athletic Association*, en español «Asociación Nacional Atlética Colegial».

PONZI #5—SCOTT ROTHSTEIN

1. http://www.sec.gov/litigation/complaints/2012/comp-pr2012-100.pdf

PONZI #4—TOM PETTERS

1. Es irónico porque la palabra «*trust*» en inglés significa «confianza» o «confiar».
2. Comunicado de prensa del FBI del Fiscal del Distrito de Minnesota, 12 de junio, 2013   http://www.fbi.gov/minneapolis/press-releases/2013/federal-jury-finds-mound-hedge-fund-manager-guilty-of-lying-to-investors-in-connection-with-investment-in-petters-co

PONZI #3—ALLEN STANFORD

1. Knight Commander of the Order of the Nation (KCN) of Antigua and Barbuda.
2. N.D.T. «*Wicket*» es el terreno de juego en críquet, y «*sticky*» significa «pegajoso». La traducción del apodo sería algo como «pista pegajosa». Es además una metáfora que se utiliza para describir situaciones adversas precisamente por la naturaleza de su origen, que consiste en que el campo de críquet está húmedo y se dificulta así el juego.